未来を変えるには

東大起業家講座に学ぶ新しい働き方

東京大学アントレプレナーシップ
教育デザイン寄付講座・編

You can change the future

U-Tokyo Endowed Course
for Designing Entrepreneurship Education

講談社

未来を変えるには

東大起業家講座に学ぶ新しい働き方

装幀：國枝達也

未来を変えるには●目次

本書は東京大学大学院工学系研究科技術経営戦略学専攻に開講された「アントレプレナーシップ教育デザイン寄付講座」院生向け第一期講座（2021年10月開講）、および学部生向け第一期講座（2022年4月開講）の一部をまとめたものです。講義の動画はUTokyo_アントレプレナーシップ教育デザイン寄付講座YouTubeチャンネル（https://www.youtube.com/@utokyo_762/featured）で公開されています（一部非公開）。

序章

学びのギアチェンジの先に人生を変える発想がある

東京大学大学院工学系研究科　教授
坂田一郎

坂田一郎(さかた・いちろう)

1966年生まれ。東京大学経済学部卒、ブランダイス大学より国際経済・金融学修士号、東京大学より博士号(工学)を取得。現在、東京大学総長特別参与、未来社会協創推進本部(FSI)ビジョン形成分科会長、大学院工学系研究科教授(技術経営戦略学専攻)を務める。

2020年10月の東京大学FSI債の発行では、現場責任者を務めた。国土審議会特別委員、荒川区教育委員、ダイキン工業フェロー等を兼務、日本工学アカデミー正会員。専門は、大規模データを用いた意思決定支援、知識の構造化、計算社会科学、地域クラスター論など。「テクノロジー・インフォマティックス」を提唱している。

共著に『都市の再生を考える〈第4巻〉都市経済と産業再生』(岩波書店)、『クラスター戦略』(有斐閣選書)、『クラスター形成による「地域新生のデザイン」』(東大総研)、『東北地方「開発」の系譜』(明石書店)、“*Grobal Perspectives on Service Science:Japan* (*Springer*)”, “*Business Economics in Japan and Germany* (*iudicium*)”など。

スタートした新講座

東京大学では20年近く前から徐々にアントレプレナー教育を充実させてきました。今回開設した「アントレプレナーシップ教育デザイン寄付講座」は、それらを基盤とし、この分野の教育のトータルデザインを意識しながら、産学協同によって専門的で実践的な教育を実現することを目指しています。

講座の具体的な活動として、以下の特徴があります。

・東大におけるアントレプレナーシップ教育の体系化と学生への情報提供
・既存の講義群で不足していると考えられる領域での講義プログラムの新設
・社会人へのリスキリング・プログラムの提供
・起業を志す学生や若い研究者のみなさんと起業家をサポートする専門家による密度の高いコミュニティづくり
・海外のスタートアップイベントやフィールドワークへの学生の派遣

なかでも中心となっているのは、「新たな講義プログラムの提供」です。

開講するにあたり、どのような点を補強すべきかにつき、既存の講座群を俯瞰《ふかん》しつつ検討した結果、次の3点をより強く意識することとしました。

ひとつはスタートアップ・コミュニティの多様な専門知を色濃く導入する必要があるということ、二つめにディープテック（専門性の高い革新的な技術）にフォーカスすること、三つめにグローバルな展開力を養うことです。

ひとつめの専門知の側面では、大学の通常の講義で教えている経営学、ファイナンスや会計、人的資源管理などの理論にとどまらず、産業界のエキスパートが持つ現場の専門知を体系的に導入する必要があると考えています。

起業した経営者の悩みの相当部分を占めているのは、資金繰りではないでしょうか。より具体的に言えば、VC（ベンチャーキャピタル＝未上場のベンチャー企業に出資する投資ファンド）から投資を得るにはどのような条件を満たしていればいいか、ピッチでどのようなアピールをすればよいのか、創業時の資本構成で気を付けるべき点は何かなどを考える必要があります。

新たな投資を獲得するためには、財務に直接関わる事項以外でも、社会に対するビッグピクチャーの提示の仕方や、収益を生み出すための事業の選択と集中の方策なども考える必要があります。

さらに、市場の変化や政府の政策を含めた周辺環境に関する知見も必要ですし、人材をいかにして惹きつけるか、出来上がったチームのマネジメントといった側面も重要です。

起業家がこうした様々なことを考えるための知見について、大学には基礎的なものがあるだけですので、やはり起業のコミュニティの中で育まれてきた専門知を本格的に導入する必要があると痛感しています。そこで我々は「産学協同型教育」という考え方を提起しました。

二つめは、ディープテックでの起業の特性を踏まえた教育です。東京大学発のスタートアップは、現状ではＡＩやサービス系が中心であり、ＡＩとバイオ・ヘルステックを除くディープテック領域での起業は多いとは言えません。しかし我々は、東京大学の持つ知的な蓄積として化学、素材、環境・エネルギー、航空宇宙などのディープテック領域に強みがあると考えています。

ＡＩやサービス系に比べ、ディープテックは、その特性上どうしても事業化までの時間軸が長くなる、投資規模が大きくなるなど、起業のハードルが高くなります。ＡＩの研究開発は基本的にソリューション（課題解決）開発そのものですが、ディープテックの場合は研究開発とソリューションに距離がある場合が一般的です。画期的な機能を持つ新素材を開発したといっても、その有効な使途がすぐには見つからないということがありえます。そこで、こうしたハードルを乗り越えるためのサポートや知見の提供をしていきたいと考えました。

三つめはグローバルな市場への挑戦です。日本のスタートアップ企業は、現状、その多くが国内市場を中心に活動しています。しかし、今後人口が減り高齢化していく日本の市場だけではそのポテンシャルを活かしきれず、また、世界市場から大きな投資を集めることも困難ですので、グローバル市場を目指すスタートアップを育てていきたいと考えています。

特に、大きな投資規模が必要とされるディープテック企業では、投資を回収するために大きな市場を見据えていかなければ経済的な魅力に欠けてしまいます。その意味でも、グローバル市場を目指すことがよりいっそう求められます。このために、海外のスタートアップイベントやフィールドワークに学生を派遣し、経験を積んでもらうことも重要と考えました。

2020年の12月ころ、染谷隆夫《そめやたかお》工学部長や松尾豊《まつおゆたか》先生と大学の未来像を語りあうなかで、こうした問題点を解決するような寄付講座をつくって取り組もうということで意見が一致しました。

経営共創基盤（IGPI）、KDDI、東京大学エッジキャピタルパートナーズ（UTEC）、そして松尾研究室と伴走しながら、大学・企業・スタートアップによる産学共創のエコシステムの実現を目指す株式会社松尾研究所の4社にご相談したところ、幸いすぐに賛同を得ることができました。4社は東京大学の周辺に形成されたアントレプレナーのコミュニティにおいてきわめて重要な地位にある会社というだけでなく、日ごろから互いにコミュニケーションをとっておられて問題意識の共有や信頼関係ができていました。そのため、かなり短い時間で講座の設立を決めることができたのです。

資金だけでなく、みなさんがお持ちの第一級の専門知も提供していただこうという厚かましい話ではありましたが、夢を共有するなかで、すぐに始めようと言っていただくことができました。

東大総長が語った「起業のススメ」

このようなアントレプレナーシップ（起業家精神）の重要性に対する認識はいま、東京大学全体に拡がっています。藤井輝夫《ふじいてるお》総長は、2022年の東京大学の入学式式辞でかなり時間をかけて起業に触れられています。

なぜ、私たちはいま、起業にスポットライトを当てているのでしょうか。

起業への注目は、本学が社会における大学の意義を問い、課題に粘り強く取り組む力、新たな解決への可能性を発想する力、そして他者と協力してそれを実現する力を育もうとしていることと深く関係しています。社会において求められる人材の多様化に合わせて、卒業後の進路も急速に多様化し、新たな事業を生みだす人の割合も増えています。東京大学は、社会が直面している課題の解決に貢献する新たな業《ぎょう》を起こすことを支援しています。さらには現状ではまだまだ少ない、本学発の女性の起業家を数多く生みだしていくことにも、力を注いでいきます。(中略)

まさにいま、大学や研究機関において開発された先進的な技術を実用化して、企業の利益のみならず、社会における大きな問題の解決に結び付ける、ディープテック型と呼ばれるベンチャーの支援が、強く求められています。(中略)

本学では起業家教育に関する実際の取り組みとして、起業を目指す学生の相互交流や関連企業とのマッチングなどを目的とした各種のインキュベーション施設を運営するなどしています。みなさんも、少しでも関心があればぜひ勇気を出して、本学での起業をめぐるポジティブな語りと対話の輪のなかに、一歩足を踏み出してみて下さい。そこにはきっと、教室での学びとはまた違った新しい世界が広がっているはずです。

大学で生まれた知を社会に展開するうえで、この講座が重点を置くディープテックベンチャーが重要な役割を果たすことは総長も指摘されています。ディープテックベンチャーを成長させるうえで、信用や力のある事業会社との連携が重要となってきます。

技術、製造能力、人材、販路など多くの経営資源を持つ事業会社にその肩を貸してもらうことができれば、事業化を加速し、また、成功確率を高めることができます。

ある時代には大学と企業との関係性が離れたこともあったのですが、ネット・ゼロカーボンやデジタル革新など社会の大変革が急激に進むなかで、最近では大学が長い時間をかけて育んだ多様な知に注目する企業が増えています。

キャンパスに染み付いた多様な時間軸は、大学にしかない環境です。革新的な材料技術、エネルギー・環境技術、航空宇宙技術、ヘルスケア技術、センシング技術などを育てるには、大学特有の長い時間軸が必要でした。

こうしたことを踏まえ、企業から大学への連携の申し込みが急増していますし、産学の橋渡し役として、大学発のディープテックベンチャーへの関心が高まりつつあります。大学研究室との共同研究や技術移転によって産学の仲介を行う場合と比べて、ベンチャーは事業化への仮説やプルーフ・オブ・コンセプト（コンセプトの実証）を持っているため、企業の側から見ると分かりやすい面があります。我々の講座では、KDDIをはじめ、ベンチャーのために肩を貸そうという意識をお持ちの多くの事業会社のご協力をいただいています。

もう一点、総長は、「教室」での学びとはまったく違った新しい世界が広がっていると語りかけています。

実際に我々のプログラムでは、インタラクティブという言葉のさらに外側にあるような学生主体の学びが行われています。そこについていくために、学生のみなさんは多くのエフォートを注ぎ込むことを要求されますが、互いに支えあったり、チームをつくったりして意欲あふれる活動が行われています。

この場合学びは教室の中で終わりではなく、授業の前後の時間を使ったチーム活動、Slackコミュニティでの意見交換、協力企業やラボを訪問しての現地調査など連続的なものとなっています。

「学びのギアチェンジ」を

東京大学は2017年7月、組織的に地球と人類社会の未来への貢献に向けた協創を進めるため、未来社会協創推進本部（FSI＝Future Society Initiative）を設立しました。現在、推進本部にはビジョン形成、学知創出、GX推進、国際連携、社会連携、国際卓越教育、産学協創、D&I推進の8つの分科会が設置され、私は総長特別参与としてビジョン形成分科会の会長を設立以来継続して務めています。東京大学出身の起業家の多くが、このFSIのビジョンと親和性の高いミッションを掲げて活動していると感じます。

未来社会協創推進本部の設立を主導した五神 真《ごのかみまこと》前総長は、「学びのギアチェンジをする」ことを提唱されました。高校までは、与えられた問いに対して正しい解答を書くことを目指した学習を重ねる傾向があります。基礎力を育むうえでそのこと自体は必ずしも悪いことではありませんが、大学入学後はギアチェンジをして、問い自体を自分で考え、自分で学びの内容を選択する、自分主体の学びに切り替えるよう促しているのです。具体的には、入学したばかりの1年生を対象に初年次ゼミを導入し、東大のすべての学生が受講するような仕組みを導入しました。

この点については、五神前総長の前任の濱田《はまだ》純一《じゅんいち》元総長も同様に指摘されていました。高校までの学びを否定するつもりはまったくないけれども、そこから先の人生のパスは多様であって、偏差値ではない人生の目標を設定するよう強調されていました。本来、学びたいことは人それぞれですから、まず自分の学びたいことを探索し、挑戦するよう促しています。

今回のアントレプレナーシップ教育のベースにも、この視点があります。高校時代まではおそらくほとんど考えていなかったであろう起業家という道を知り、人生を懸けて追求したいビッグピクチャーや自分の未来のキャリアの選択についてあらためて考えてもらいたいということなのです。

我々には、今回の講座のテーマとして、若者の人生を変えるような機会にしたいという思いがあります。「学びのギアチェンジ」の先に、人生を変えるもの、未来を変えるものがあると考えています。少なくとも10年は追いつづけたいと考える問いと、それを解くために自分が学びたいと思うことが見つかれば、それに合った研究室の扉を叩き、自分なりの学びに挑戦してもらいたいと思います。

ギアチェンジ後の大学における学びと、起業には似たところがあります。起業家の方にヒアリングをすると、自分が選んだ事業に10年間、精力を傾けつづけることができるモチベーションが非常に重要だと異口同音に口にします。起業家の時間軸は非常に濃密ですから、10年は相当長い時間です。同じ事業を10年間、諦めずにやり抜くことができるかどうかをまず考えるというのです。

また、起業にあたってはその事業のビジョン、そして組織のパーパスが重要になります。より良い未来社会に貢献する社会ビジョンを掲げ、さらに、自分ごととして、その実現のためにどのような役割を果たすかというパーパスを持ち、そこに心底自分が集中することが必要です。それがあるからこそ、一緒に働いてくれる社員の人たちを惹きつけることができ、困難に直面しても揺らがない経営を貫くことができるようになります。浸透力のあるビジョンとパーパスを掲げ、そこに共感する優秀な人たちが集まってきてくれることで、事業が発展していくわけです。

「偏差値」という単一の基準だけを追っているだけでは、こうした発想は出てきません。そこからギアチェンジをすることで、本当に自分のやりたいことは何なのか、それを10年間、やり抜くことができるのかを考えるスタートラインに立つ必要があります。

起業にはアニマルスピリッツが必要と言われます。大学の講義で、それを教えられるかと問われれば、狭い意味ではおそらく難しいでしょう。ただ、大学キャンパスには、自由と多様性を尊重する文化があります。未来のなりたい自分を想定し、それを実現するパスを設計するために、自分を解放して、真に学びたいことに熱中してほしいと考えています。我々の講座のメンバーをはじめとしてみなさんを応援してくれる人がたくさん見つかるはずです。

スタンフォード、MITの起業家講座

今回、アントレプレナーシップ教育デザイン寄付講座という名を冠したのは、本学が提供するスタートアップ教育のトータルデザインを役割の一つとして掲げているためです。

東大にはいま、スタートアップに関連するテーマを扱う講義や演習、フィールドワークが全学で60近くあります。そうした講義などを入念に調査し、見取り図のようなものをつくってウェブ上でマッピングし、検索できるようにしました。いま自分に必要、もしくは適当と思う講座を探して受講してもらいたいという狙いです。

ビジネス入門、フィールドスタディを特徴としたプログラム、ものづくりプロジェクト、あるいはグローバルなプログラムなど、東京大学の中にどのような内容の講義があるのか、

その対象学年、レベルなどの情報を開示しています。我々の講座を受講した学生にも、それぞれの指向やレベルに応じてこうした講座を追加的に受講するよう勧めています。

この部分は、松尾研究室学術専門職員の武田康宏さんと、私の研究室の村田幸優さんに担当してもらいました。二人は事前に本学のアントレプレナーシップ関連講座の過去受講生、推薦入学生、すでに自分の研究に取り組んでいる高校生などにヒアリングし、研究や科学技術に強い思いを持つ受講生集めにも力を尽くしてくれました。

過去に授業を受講した優秀な学生にはティーチング・アシスタント（TA）として加わってもらい、学生のサポートやイベントの企画、研究者や専門家との橋渡しなどにあたってもらっています。

通常の授業のTAと比べて役割が大きいことから、我々は「ブリッジング・チューター（BT）」と名付けています。

このSセメスターの講義では、ST比、つまりStudent-Teacher ratio（教員一人あたりの学生数）が3を切っています。経営共創基盤、KDDI、UTEC、松尾研究所の各社の方々に加え、教員が4名、運営が2名、TAが10名いて、60人の学生に対応しています。このような豪華な教育体制をもって、カリキュラム開発や授業のほか、事業案の個別指導、ピッチの練習（我々は「壁打ち」と呼んでいます）の相手役、フィールドワークのアレンジ、海外のスタートアップ・イベントへの参加支援、受講後の有志による合宿の企画などを行っています。

講義プログラムを企画する際に、バブソン大学、スタンフォード大学、マサチューセッツ工科大学（ＭＩＴ）のスローンスクールなど海外の一流大学の起業家講座の事例も研究しました。私は１９９０年代にアメリカのブランダイス大学への留学を経験しています。同校は起業家教育ではアメリカで最高の評価を受けているバブソン大学と提携し、学生の交流や単位交換をしていました。アメリカではそのころから、大学がアントレプレナーシップ教育や研究に関わる多くの専門人材を育て、積極的に起業家教育を行っていたのです。

また、ＭＩＴのスローンスクールには、アントレプレナーシップを専門とする教員が多数います。その基幹講義では、日本のように教員が一人で担当するのではなく、多数の教員がチームをつくり、知的濃度の高い講義として構成していました。研究をベースに提供すべき知見の内容や講義の構成、手法を綿密にデザインしているのです。また、産業界の一流のエキスパートによる特別レクチャーも頻繁に開催されています。

今回の我々の講座も、ある程度そこに近づけたのではないかと自負しています。コースをトータルで設計し、その設計に沿ってビッグピクチャーの描き方、ファイナンス、組織やチームづくり、投資家目線の理解、ピッチ手法など個々のテーマでの授業や指導に多様な専門家に入っていただく構成をとっていますし、我々のコミュニティのなかでもっとも優れた専門家の方をお招きすることができました。本書を読んでいただければ、そのことが実感できると思います。

出る杭を伸ばす

東京大学の学生は経済的に恵まれた家庭の出身者が多いことから、進学するまで、社会の課題に直接触れたりする機会は少なかったかもしれません。それでも、社会に対するエクスポージャーの大きいこのような講座を受講することで間違いなく将来に対する意識は変わってくると思いますし、学生の進む道に影響を与えると確信しています。今後は、多様な方々と交わるフィールドワークをより積極的に取り入れることも検討しています。

起業やAI、データサイエンスの学びに関して、学年や年齢はほとんど関係ないと感じています。学部生であっても大学院生並みに優秀で学びの準備ができている学生はたくさんいますので、制約なく、自分が学びたいと思うときに学べるという環境が重要です。

この講座は「出る杭」を伸ばす講座だと考えています。

議論を交わし、互いの発表を聞くことで刺激を受けてもらいたいと思います。正規に登録した学生のほか、学年を問わず聴講も認めていて、多数の聴講生が来ています。多様な個性がそれぞれの強みを伸ばし、弱さを受容することも重要です。換言すると、互いの違いを面白がるということです。学生のみなさんが講義の前後の時間帯で交流できる機会を設けており、そこから異質なメンバーによるチームも誕生しています。

藤井総長にも実際の講義に足を運んでいただきました。最終発表の指導をしていただき、教室全体を覆う熱気に大きな手応えを感じておられました。

いい成績をとりたいとか、単位を取りたいということとは無関係に、未来に向けたビッグピクチャーを自分で描き、熱意を持ってその実現に取り組もうとする意欲ある学生のみなさんがこの講座に大勢集まってきてくれている。

私はそこに、未来を見ています。

第1講

20年先の未来からさかのぼって、いまを考える

株式会社ビジョンケア　代表取締役社長

髙橋政代

髙橋政代（たかはし・まさよ）

1986年京都大学医学部卒業、1992年同大学大学院医学研究科修了。医学博士。

京都大学医学部附属病院眼科助手、アメリカ・ソーク研究所研究員、京都大学医学部附属病院探索医療センター開発部助教授。

理化学研究所に移り、発生・再生科学総合研究センター網膜再生医療研究チーム・チームリーダー、網膜再生医療研究開発プロジェクト・プロジェクトリーダーを歴任。2013年8月より滲出型加齢黄斑変性に対する自家iPS細胞由来網膜色素上皮シート移植に関する臨床研究を開始し、2014年9月に第1症例目の移植を実施、2017年3月には他家iPS細胞由来網膜色素上皮細胞懸濁液による移植を行った。

2019年より株式会社ビジョンケア代表取締役社長を務める。

3度「ゼロ」になった

私がビジネスの世界に入ったのは2019年で、ビジネスマンとしてはまだヨチヨチ歩きですので、この授業でお話しするのに適しているのか疑問ですけれども、今日はよろしくお願いいします。

簡単に経歴をお話ししますと、大学を卒業してから、京都大学医学部附属病院で長く臨床医として勤務していました。病院では雑巾がけのような雑用もやり、手術も数多くこなして、あまり目的意識もなくただ仕事を続けていたのだと思います。

1995年、35歳のときに同じ病院の脳外科にいた夫がサンディエゴのソーク研究所に留学することになり、私も客員研究員としてついていったのが転機となりました。

ソーク研究所はDNAの二重螺旋構造の発見で有名なフランシス・クリックをはじめ数多くのノーベル賞受賞者、素晴らしい研究者を輩出している世界第一級の研究所です。そこで非常に刺激を受けて、これからは私自身が治療法を創っていかなければ、と思い込んだのがスタートになりました。

私はこれまでに3回、「ゼロ」になる経験をしていますが、その一度目はソーク研究所に行ったときです。日本では、眼科でいちおう「先生」と呼ばれて仕事をしていたのに、非常にレベルの高い基礎研究の世界にポンと入って、何者でもない一人のアジア人になり、しんどかったですけど非常にいい経験になりました。

京都大学に帰ってきてからは、自分の小さな研究室を持ち、助教授という恵まれたポジションにいたのですが、それもだんだん窮屈になり、飛び出したいという気持ちが強くなってきて、研究室の3人で理化学研究所に移りました。眼科医としていままで積み上げてきたものを全部捨てて、いったんゼロになってレベルの高い基礎研究所に行ったので、非常に怖かったですけれども。

移籍した理研でも最初は小さくなっていましたが、だんだん大きな顔をするようになりまして、研究室を60人くらいのラボに成長させることができました。その後、神戸アイセンターを設立し、ビジョンケアという会社の社長となってビジネスを始めたときも、いったんゼロからです。しかし、いままでにそのような経験をしていましたので、それほど恐怖を感じることなく飛び込むことができたのかなと思います。

そういう経緯でアカデミアとビジネスの世界の両方を渡り歩いてきて、少し自慢になるかもしれませんが、眼科医としても日本眼科学会の評議員、それから、アメリカのNational Academy of Medicine（全米医学アカデミー）という独立系の学術機関の国際委員もやらせていただいています。

研究の分野でも臨床医からいったんゼロになって始めた人間が、幸い基礎研究の権威あるEMBO（European Molecular Biology Organization＝欧州分子生物学機構）のメンバーに選出してもらえるようになりました。日本の省庁から様々な会議の委員を委嘱されることも多いのですが、そうした学会などの仕事も続けさせてもらって、非常にいい境遇にいるなと思っています。

ですから、今回またゼロになって起業という道に踏み出して、あと10年でどこまで行くことができるのか、自分でもとても楽しみにしています。

「社長」としての成功を目指して

私の一番の出世作は、iPS細胞をはじめて人に応用したということです。

若い人は知らないかもしれませんが、京都大学の山中伸弥先生が作製したiPS細胞をはじめて人間に使うということを2012年に申請し、2014年に実際の手術をして、当時はかなりの騒ぎになりました。新聞に「ネイチャー誌の選ぶ時代の5人」に選ばれたという記事が載ったので、喜んで見てみたら、実際にはFive Scientists to watch、つまり要注意の5人、という扱いだったということもありました。

当時はまだ、iPS細胞は遺伝子をいじってどんどん増やしていく非常に危険な細胞だと思われていました。それを、発見からわずか5年ほどで人に応用するとはどういうことだ、ということで注目されてしまったようです。

しかし、私たちは完璧に安全性を確認していましたので、絶対の自信を持って取り組んでいました。最後の手術のところだけは、普通の眼科の手術であっても必ず合併症のリスクがありますので、その点は怖かったのですが、無事手術が終わったときは本当に嬉しかったです。その後、もう一度「ネイチャー」に取り上げられて、今度はその年のもっとも特筆すべき科学的業績10人のうちの一人に選ばれ、成功を認められたと実感しました。

iPS細胞の世界初の臨床事例ということで様々なインタビューを受け、「これがスタートです」と言いつづけていました。まるで何かを達成したかのような質問も多くありましたが、臨床家としては第一歩、ここがスタートだと感じていたのです。

もともと、京都大学から理研に移ったときも、臨床家として基礎研究に取り組むのだという思いがありました。iPS、あるいはES細胞から網膜細胞をつくる必要があるのに、眼科は割合ニッチな領域ということもあり誰もつくってくれない、仕方がないから偉い先生に倣って、自分がつくろうと考え異業種である理研に行ったのです。

私としては基礎研究から、やっと自分本来の土俵である臨床研究に入ったところで、ここから治療をつくるのだと考えていました。この間、1995年に基礎研究に取り組みはじめてから25年の間に、「まず無理だろう」と否定的なことを言われつづけてきました。しかし私はこの分野で基礎から臨床までみてあらゆる情報を持っていますから、「ダメだ」と言う人が単に情報不足で言っているのだということが分かっていたのです。

いよいよ臨床の領域に入ってきて、企業の方に治療のつくり方をお願いしても、どうも違う。それで自分で会社を起こすことにしたのです。

社長になってから3年以上経ち、最近はビジネスのほうで取材を受けることも増えました。正直言って分からないことだらけで、ビジネス書をたくさん読んで勉強はしていますが、いまはあまり変わらなくてもいいのかなと感じています。ビジネスの分野でも、研究と共通する点は多くあると思いますし、たとえば『ビジョナリー・カンパニー2 飛躍の法則』という有名なビジネス書の第1章には「(ビジネスは)巨大で重い弾み車をひとつの方向に回しつづけるのに似ている」とあります。私が25年間やってきた研究と共通していて、ハンドルを回しつづけていま大きな弾み車が回りだし、非常な加速がついて、そこで事業化したんだなと感じました。

日本は「変えたくない」人が多い

1995年に渡米したときに話を戻しますと、このときたまたま「神経幹細胞」という当時まったく新しい概念に出会ったのです。たとえば遺伝子のベクターをひとつつくるのにも、眼科医であれば1年ごとに少しずつ進むところをソーク研究所では2~3ヵ月で終わってしまう。それを見て、やはり本物のプロフェッショナルと仕事をすることの重要さを痛感しました。

もうひとつ、私は普通の眼科医でしたが、それまでは一生懸命臨床をやっていましたので、その土俵があったうえで新しいことをやると面白いことができるということを学びまして、そこからは常に新しい分野に行き、何かを見つけて新しいものをつくるということを繰り返しているように感じています。

違う領域に行って、視野を広げ、できるだけ高く登って全体を見渡して自分の立ち位置を見つけ、そこから急降下して掘り下げるというイメージでやっています。視野を広げていくと、自然に視座が上がるのだと思います。

ソーク研究所から日本に帰ってきて、「再生医療をやります」と宣言したのですが、やはりほとんどの人が無理だ、できないと言います。臨床家は神経幹細胞というものをよく知らないですから、そんなものでは中枢神経は治らない、無理だろうと言うのです。逆に基礎研究者は、網膜のような精密な細胞が、再生医療で治るはずがないと。

しかしそれは、患者のニーズを知らないから言えることです。少し改善するだけでも、どれだけの効果があるか、理解していないのです。本当に新しいことをしようとすると、なぜかそれを阻止しようとする人が湧いてきます。変えたいと思っている人と、どうしても変えたくない人の二派に分かれて、それぞれに言うことが正反対なんです。ですから、その時点で、もう人の言うことを聞く必要はないなと思いました。とくに日本では、変えたくないという人が多かった気がします。

ルールは守るものではなくて変えるものである、というのが関西人のモットーです。東京では、ルールは守るものと思っているようですけど（笑）。

以前、ウチのラボに来ていた人類学の大学院生の女性から言われたのは、「先生は、ほかの人とは考え方が違いますね。未来からさかのぼって考えておられるように思います」と。その言葉を聞いて、私もはじめて気づいたことがあるんです。はじめ網膜の再生医療をしたいと言いはじめたとき、なぜダメと言われるのか理解できなかったんです。20年経ったら間違いなくできるのに、なぜだろうと。それはやっぱり、私が20年後にワープして考えていたからだと分かりました。できないと言っている人は、2〜3年、せいぜい5年先のことを考えて言っているので、だから話が噛み合わないいんだなと。

新しいことを始めると、その過程でどういうルールができてくるのか、どういう障害があるのか分かりません。ぶつかってそこから進めないという人も私の周りにはたくさんいるのですが、私は、角度を変えてみればいいのにと思うんです。先ほどルールは変えるものと申し上げましたが、自分の進む道も変えるものであって、最後、バッチリ良くなっていればいい。これを称して「行き当たりバッチリ」と言うんですが。ある事業家には、「それは高度な技術ですよ」と言われました（笑）。

未来にワープして考えると、あとで触れるように「リスクマトリックス」が見えてくるんです。リスクの大きさと、頻度ですね。狭い視野で進んでいると目の前のリスクしか見えなくて、リスクにぶつかると実際以上に壁が大きく見えてそこで止まってしまうんですが、全体で見るとリスクの大きさ、頻度が見えてきますから、このリスクはあるけど小さなリスクだから、さらっと流して次のリスクに取り掛かるとか、そういう発想をすることができるんです。

動けばリスクは小さくなる

私たち眼科は外科系なので、リスクとベネフィットのマトリックスを比べて、患者さんに手術をお勧めするかどうかを判断します。リスクを頻度と重大さでプロットすることを私は、大阪大学の岸本充生《きしもとあつお》先生（データビリティフロンティア機構、リスクガバナンス）に教えていただきました。実際にやってみたら、そのプロセスは普段の手術のときに頭のなかで考えていることとそのものだったんです。

たとえば、２０１４年にはじめてiPS細胞の人体応用をする際、世間は「腫瘍ができる」「細胞が危ない」という声で溢れていて、そこにしか論点がないようでした。私自身は、20年後に飛んで考えれば普通に手術が行われることがありありと見えていたので、そこからさかのぼって比べれば、iPS細胞からつくった網膜細胞に関しては腫瘍化などのリスクは頻度が非常に低いと分かっていました。それよりも高齢の方に免疫抑制剤を投与する弊害のほうが頻度も高く、危ないですし、手術のほうがずっとリスクは高く怖いのです。

とはいえ、それをいくら言っても理解してもらえません。新しいことをすると、2割は応援してくれますが、だいたい8割の人は理解してくれません。幸い厚生労働省が応援してくれるほうに入っていましたので、私としては懸命に戦いながら、ともかく1例目をやったということです。

申し上げたように新しいことをすると8割の人が反対するのですが、実際には5年経つとそれが常識になっていることがよくあるんです。やっぱり誰しも実際に経験しなければ分からないというのは仕方のないことなのかもしれません。

もうひとつ、手術をする臨床医はすべての情報が頭に入っているのですが、それをもっと共有しなければいけないと思いました。医師がわざと隠しているわけではないでしょうが、情報の非対称性、医療への参入障壁のようになっている面があります。

私はこれまでの経験で、そうしたリスクとベネフィットをマトリックスする考え方に慣れていましたので、会社を起業するリスクとベネフィットについても3ヵ月間、考えつづけました。あらゆる側面から検討して、もう起業するしかないと思ったのです。アイセンター設立時に会社自体はもうつくってありましたので、理研を辞めてそこの社長になるという決断をしました。

リスクの大きさと頻度を考える――日本はこれができないために、いまのような状態になってしまっていると思います。こんなリスクがある、リスクはゼロにしなければということで思考が停止してしまって、どこまで許容できるかというレベルを決めないために無駄な力、無駄な費用、無駄な時間を浪費しています。

リスクをどこまで許容するか、決めることができればそれを超えないようにすればいいだけの話ですから、動きがとれるようになるのです。動いていれば、目の前のリスクはより小さくなります。日立製作所の元会長で、日本経団連（日本経済団体連合会）の会長もされた中西宏明《なかにしひろあき》さん、経団連をぶっ壊すと言っていた方ですが、この方が「いまは事業計画なんか立てている場合じゃない、そんな時代じゃないですよ」と仰っていました。私もその通りだと思います。

バスケットボールやサッカーを経験した人なら分かると思いますが、ボールに向かって走ってもダメなんで、誰もいないゴールに向かって走ると、そこにパスが出てくるんです。私の場合で言えば、ＥＳ細胞なんか使えないと言われながらずっと研究を続けていたら、そこにｉＰＳ細胞という思わぬパスが出てきた。そういうことなんです。中西さんは２０２１年に惜しくも亡くなられました。

医療の枠を超えた課題解決を目指して

2017年の12月、神戸市の協力で、神戸アイセンターをつくりました。私は箱モノだけつくって中身を詰める、ということが大嫌いなので、まず中身となる研究をいろんな分野から集めました。再生医療だけではなく遺伝子治療の開発もしていますし、自動運転の研究もしていますし、医療の枠を超えてあらゆる手段で視覚障害の課題を解決しようと決心しています。

神戸アイセンターはポートアイランドにあり、エントランスフロアにインターナショナル・デザイン・エクセレンス・アワードやグッドデザイン賞、医療福祉建築賞などデザイン関連の賞をいくつも受賞したビジョンパークという公園のような場所を設け、医療と福祉をワンストップでつないでいます。

病床数は30床の小さな病院ですが、医療のつくり方を変えるために、研究部門と、一流の医療ができるチームが必要だったのです。公立の眼科専門病院は日本ではじめてだそうです。病院長の栗本康夫先生は私の京都大学時代の同級生ですから、相談しながらすぐに動けて、非常にやりやすいんです。

失明のおそれのある患者さんは新しい医療に藁にもすがる思いで期待を持たれます。その期待値リスクを低減しなければいけないですし、メンタルケアも必要ですので、患者さんをケアするための公益社団法人NEXT VISIONをつくりました。私たちの会社であるビジョンケアと、神戸アイセンター病院、そしてNEXT VISIONが一体となって活動することで良いエコシステムができました。

私が社長になってから2020年に株式会社VC Gene Therapy、2021年に株式会社VC Cell Therapyを設立しました。患者さんにぴったりと寄り添うという理念を変えないために、親会社のビジョンケアにはほかの資本は入れません。ただ、開発にはおカネがいりますので、子会社をつくってそこで資本を調達するという資金繰りにしています。そのあたりはビジネスパートナーの方たちが私のアイセンター構想を理解して、協力してくれました。

アイセンター構想のビジョンには、「すべての患者さんのためにあらゆる解決策を」と掲げています。ですから眼科に縛られる必要もないし、医療に縛られる必要もなく、なんでもやってくださいということなのです。

私の代でのミッションとしては、10年間で網膜外層疾患の治療法をすべてつくり替えたいと思っています。ベンチャー企業をつくるからには、何かをぶっ壊そう、世界を変えてやろうと思って立ち上げるわけですが、それが我々の場合は、治療のつくり方なのです。いままでの薬は低分子化合物でした。そこからバイオ医薬、タンパク質になるとつくるのが非常に難しくなりますので、そこで日本企業は出遅れてしまいました。

政府、厚生労働省も、同じ失敗を繰り返してはいけない、再生医療を選択肢の中核としようと考えていただいて、我々も潤沢な研究費をいただき、先頭を走ってきました。

再生医療には、細胞自体を点滴する治療もあります。これは本当に薬のようなものですが、それとは違って我々は障害された組織を置き換える再生医療をしようとしています。人生において網膜という組織はほとんど増えない、つまり一生同じ細胞を使うことになります。つまり、障害されたら修復されませんのでその局所を再建する必要があるのですが、そのためにはやはり手術が必要になります。

製薬会社が手術に慣れていないのは当然で、むしろ医療機器の会社のほうが手術に取り組んでいます。細胞は手術で使うものですので医療機器に近いけれど、細胞は生モノですので、いままでとまったく違った第三のカテゴリーということになります。この点を厚生労働省と日本再生医療学会で話し合って、日本はこの第三のカテゴリーを新たに薬機法（「医薬品、医療機器等の品質、有効性及び安全性の確保等に関する法律」）に追加しています。

この法律が施行されたのが、我々がiPS細胞の臨床手術を行った2014年なのです。つまり、我々のプロジェクトを横目で見ながら、法律もつくっていただいたということになります。

目の前にある「6兆円市場」

いま我々はビジネスの厳しい競争の世界に入っていますが、やはり経営者として先頭に立って管理できることのメリットを感じています。いままでは、医薬品イコール治療という面がありましたが、細胞医療では細胞をつくっただけでは治療になりません。その点が製品イコール治療である製薬会社との意識のギャップです。我々の会社では細胞を医療機器と捉えて製品ではなく治療を開発し、難治性の網膜外層疾患の治療法を10年でつくると掲げています。

光が眼球の中に入ると、もっとも奥にある視細胞という細胞がそれを受け止めます。その光のシグナルを神経のシグナルに変換して、次の細胞、またその次の細胞へと伝えてその束が脳に届き、脳が映像として知覚します。

我々が治そうとしているのは、このうちの視細胞とそれをメンテナンスする網膜色素上皮、これが網膜外層です。この二つの細胞はほとんど増えませんので、悪くなったら置き換えてあげないといけません。

網膜内層の疾患である緑内障や糖尿病網膜症を治せるメドはまだ立っていませんが、外側にある視細胞と網膜色素上皮の二つの細胞であれば10年あればなんとかなります。

マーケットの規模で言いますと、加齢黄斑変性という日本でも近年非常に増加している病気がありますが、世界の患者さんのうち10分の1の人に適合する治療が現在あり、これがいま世界で98億ドルの規模になっています。網膜色素上皮や視細胞置換治療は既存の治療が適合しない方が全部対象となりますので、市場は10倍大きく、6兆円市場になると見込まれています。今後非常に熾烈な戦いになると思いますし、挑戦しがいのあるフィールドだと思っています。

我々はそのなかでもユニークな形をとろうとしています。普通、薬ですと1種類でどれだけ大きなマーケットをとれるかという市場主義の考え方になります。薬機法などで定められた治験などのルールをクリアするために、製薬会社は10年で100億円くらいの予算を使い、かかったおカネの元をとるために、効いても効かなくてもなるべく多くの人に届けるという考え方になります。

しかし、それが結果として医療界に色々な弊害をもたらしていると私は思っているので、患者さんをカテゴリーに分けて、それぞれにきちんと効く治療を取り揃えたいと考えています。

たとえば、網膜色素変性という病気があります。これは、病気の各段階によって状況がまったく違うんです。本来は原因となった遺伝子の治療から、細胞移植、人工網膜まで色々な治療法が必要なはずなのですが、市場の論理では、それを1種類の薬でなんとかしようということになってしまうのです。

しかし私は、最終的には市場のニーズにマッチした治療法が生き残ると考えていまして、各段階での治療法を並行してつくりました。

これは医療機器の考え方で、たとえば脳の血管のコブを破裂しないようにするクリップは、形や大きさにあわせて100種類くらいがあります。私も同様に、各段階で治療法をラインナップして、全体のシェアをとりたいと考えているのです。

再生医療の特徴は、高額だということです。保険診療として承認を受けたものでも1700万~1800万円かかり、非常に高くつく。遺伝子治療も同様で、数千万円以上かかります。アメリカで行われている人工網膜の治療は、5000万円くらいするものもあるそうです。人工網膜がFDA（米国食品医薬品局）の承認を受けても広がっていないのは、この費用の問題があります。

というのは、5000万円かけて人工網膜を入れ、完全に失明した方が少し見えるようになって、毎日スイッチを入れてお孫さんの顔をずっと見ているという人も、もちろんいるんですが、ほとんどの人には効かないというのが実態です。

つまり、5000万円かけて、うまくいくかどうかに賭けるということであれば、なかなか持続しません。再生医療も事情は同じで、そこを見越した治療の開発をしたいと考えています。

製品でなく、医療にする。つまり、モノからコトへということで、社外取締役の冨山和彦《とやまかずひこ》さん（経営共創基盤グループ会長）のアドバイスもいただきながら、再生医療に対応した法律を様々駆使してゲリラ戦をやっていこうと思っています。

ハイプ・サイクル

これまで、臨床研究を積み上げてきて、どういう患者さんに効くのか、どうしたら効くのか経験を蓄積してきました。安全性を確認し、いよいよ治療法をつくるというところまで仕組みづくりをしてきました。臨床の経験を最大限に有効活用し、積み上げていくことで、いよいよ治験にも入り、医療をつくる段階に入ってきました。「勝てる治験」をデザインできる段階にきたと思っています。

再生医療というのは手術ですから、白内障の例が参考になると思っていました。以前、白内障手術はかなり危険な手術でしたが、あるときから多くの医師や企業が参入してきて10年ぐらいであっという間に改善が進み、いまは非常に安全で有効な治療になりました。再生手術も同じような経過をたどるのだろうと予測しています。まだ黎明期なので白内障手術の初期のような状態ですが、期待度としては非常に高いものがあり、期待度リスクが存在します。そのためにアイセンターをつくり、患者ケアにも力を入れて患者会をまわったりしてきました。

　世界的なリサーチ・アドバイザリー企業のガートナー社が提唱している「ハイプ・サイクル」というグラフがあって、様々なテクノロジーがいまどの期待度の段階にいるのかをプロットし、毎年発表されています。

　たとえば遺伝子治療は1980年代に夢の治療と言われ期待度が最高潮になっていました。しかし、私が留学した1990年代中頃には「全然治るようにならない」というバッシングが始まって、日本ではその影響を受けて研究が停滞してしまい、いまではすっかり世界から遅れてしまっています。一方海外では科学者たちがずっと改善の研究を続けてきて、その成果が網膜の遺伝子治療という形で花開いているのです。ガートナーのハイプ・サイクル通りの経過です。

　再生医療でも、山中伸弥先生がiPS細胞でノーベル賞をとられ期待度が最高潮になりましたが、最近になって治療がまだできないではないか、選択と集中の方法が悪かったとバッシングが始まっています。今後研究費もガクンと減ることが予想されます。そうなることも見越して会社をつくったので、日本で遺伝子治療のようにバッシングで停滞するのではなく、生き残って再生医療をホンモノにしていきたいと思っています。

　技術開発のうえでの難点ですが、細胞はつくる人、触る人によって全然変わってしまいますので、扱いが非常に難しいということがあります。その点がタンパク質とか、小分子化合物と全然違うところです。ES細胞やiPS細胞はあらゆる臓器の細胞になりうる可能性がある素晴らしい細胞ですが、一方で目の中に骨ができても困りますし、毛が生えてきても困ります。必要な細胞に限定する必要があり、そこが難しいポイントでした。

網膜などの神経系は胎児でも早期にできてくるのでまだ簡単で治療まで進んでいますが、膵臓や腎臓など胎児でも後期にできてくる臓器はES細胞やiPS細胞からちゃんとした細胞をつくることがまだ難しいところがあります。

次の難路は大量培養で、網膜はひとつのシャーレで何人分かをつくることもできますが、膵臓や腎臓をつくろうと思うと一人分のためにシャーレ1000枚とか、場合によっては1万枚が必要になってくるので、どうやって大量につくるか、いま取り組まれているところです。

網膜の細胞移植は内臓などの再生医療に比べるとずっと進んでいて、いまの課題はコスト面などで「医療として成り立つのか」というところに移ってきています。この点もまだ全然理解されていなくて、そんな話をしてもなんのことやらという感じで分かってもらえていないところがあります。

世界初の網膜シート移植に成功

臨床の1例目は自家移植といって、患者さんご本人の皮膚からiPS細胞をつくり、それを網膜色素上皮に純化しました。ポイントは不要な細胞を排除することに成功し安全性を確保したことで、それをシート状の組織にし、移植するわけです。

加齢黄斑変性という病気は、視野のなかの真ん中部分だけが見えなくなってしまいます。そうなると視力も0・1以下になるので文字も読めませんし、人の顔も分からなくなります。こういうタイプの視覚障害と、逆に視野がグッと狭まり、真ん中だけは残っていてそこは1・0の視力があるというタイプもあります。WHO（世界保健機関）の定義では、視力が0・05未満になると失明とされています。失明した人が完全に視力を取り戻せるのであれば5000万円の価値があるということになるかもしれませんが、真ん中部分の視野を失ってしまった人が、少しだけ見えるようになってそれに5000万円を払うかというと疑問です。机上の計算だけではなくて、患者さんの本音のニーズを把握していないと間違えてしまうということがあります。医師でも、教科書だけで勉強している人はダメで、たくさんの症例を見て同じ病名でも様々な違いがあるということを理解していないとやはり間違えてしまいます。

私自身手術も多く経験しましたし、症例も数多く見ているので、1例目の手術のときは、術後に細胞がどうなるか、患者さんの状態がどれくらい良くなるかほぼ予想がついていました。結果的には予想通りで、手術後7年経っても移植したシートは残っていましたし、その上に載っている視細胞はきちんと維持されていました。視力が上がることはなくても、維持することはできるだろうという予想の通りになったのです。同じ加齢黄斑変性でも、時期が違っていれば人によってはかなり視力が上がることもありますし、それも予想がつくんです。ですからどのぐらい効きますかと聞かれても、すべての患者さんが手術後に一律の経過をたどるわけではなくて同じ疾患でも進行度や状態のカテゴリー別に考える必要があるのですが、そのあたりもなかなか伝わりません。

次のチャレンジは、視細胞です。

iPS細胞応用の1例目は比較的簡単な網膜色素上皮でしたが、視細胞は中枢神経である脳と同じ細胞ですから、かなり難しいのです。シャーレの中で網膜を立体的につくる方法を理研の一流の研究者（笹井《ささい》芳樹《よしき》先生）がつくってくださって、これをさっそく使わせていただきました。

Proof of Concept（PoC）の動物実験でも移植された網膜と、移植した視細胞がうまくつながるかどうかがヤマ場でしたが、ちゃんとつながり、成功して非常に嬉しかったです。以前は大人の中枢神経を治すことは難しいと言われていたのですが、その常識を覆すことができました。

長い動物実験の後に、2020年度には2名の方に世界初の網膜シートを移植しています。

このように、次々先陣を切って色々なことをやらせていただいているのは「全部の患者さんを治したい」という思いがあるからです。ですから、再生医療だけではなく遺伝子治療もやりたいと考えています。先ほど申し上げたVC Cell Therapy、VC Gene Therapyはそのためにつくった会社で、VC Cell Therapyは設立後3ヵ月で事業会社のみから8億円を調達することができ、いま2回目の調達を始めているところです。

匠の技をAIで代替する

神戸アイセンターは患者さんのための病院であることはもちろんですが、同時に我々のためでもあり、ケアの施設をつくったことでドクターたちも非常に喜んでいます。

神戸アイセンターは、医療の世界にもAIが入ってきて、変化していくなかでも生き残れる病院として考えています。AI時代には病気だけ見ている医師は淘汰され、創造性と人間性が生き残りのカギになると思います。

AIに関して言えば、先ほども申し上げたように細胞づくりは扱う人によって全然変わってしまう、難しい匠の技の世界だったのですが、技術は伝承困難なので、AIロボットに移すことにしました。プロトコルに書かれていないことまで全部数値化して、匠の持っていた暗黙知をデジタライズすることで日本の弱みを解消することができないかと考えたのです。網膜色素上皮の細胞をつくる条件を設定すると、ロボットはそれを完璧に遂行しますから、次にどのような条件が良くてどのような条件だとうまくいかないかということをＡＩに探索させることができます。そうして最適な細胞づくりの条件が見えてきます。そうなると、シャーレの中の操作はロボットがすべて確実にやってくれますので、次にはシャーレの外側の条件に目を向けることができるようになりました。これは非常に大きなブレイクスルーで、バイオロジーの進化に繋がると思います。

ＡＩロボットは完全にチームの一員となって、理研での基礎研究が終わってからは神戸アイセンターに引っ越してきて一緒に働いてもらっています。いまこちらでの細胞製造にこのロボット「まほろ」*が投入されています。ヒューマノイドロボットは少量の細胞製造に非常に有用ですし、基礎研究にも大変有益です。いまは理研の高橋《たかはし》恒一《こういち》先生を中心にｉＰＳ細胞の培養にとどまらず、バイオロジーそのものを変えてしまおう、進化させようとしています。バイオロジー実験は人間の手技に頼るから再現性がないので、そこを機械で

＊「まほろ」＝ロボティック・バイオロジー・インスティテュート社が開発した汎用ヒト型ロボットLabDroid。人間が使用する機器、装置をそのまま使いながら再現性の高い実験を行うことで、研究者が創造性・知的生産性を最大限に発揮することができるよう支援する。

代替しようとしているのです。

ビジネスと研究には共通するところがあると先ほど申し上げました。『ビジョナリー・カンパニー』でも「第5水準のリーダーシップ」として、「個人としての謙虚さと職業人としての意思の強さという矛盾した性格の組み合わせによって、偉大さを持続できる企業をつくりあげる」と定義しているように、カネ儲けだけを考えてやるよりも、医療とかアカデミアの世界で他人のために、と一生懸命やってきた人のほうが成功しやすいかもしれないという面があると思っています。

皆さんもぜひ、日本を変えるプレーヤーになってくださいということをお願いして終わりたいと思います。

〈以下質疑応答〉

——未来から逆算して考えるというお話がありましたが、以前に想像していた未来が、現時点でどのくらい実現できているのでしょうか。

25年前にソーク研究所で基礎研究に取り組んでいるとき、再生医療でつくった細胞シートを移植する手術場のイメージが湧いていたんです。それはまったくそのまま現実になりました。そうなると分かったとき、今度は次の20年後のイメージが広がってきたのです。その意味で、どこまでいってもゴールはないんだなと感じました。

再生医療が大きく広く行き渡るようにするというイメージです。いまのつくり方ではやはりダメで、それが見えているので、自分でやらなければと思っているところです。

——35歳から基礎研究にチャレンジをされたということですが、その年齢だとリスクが大きいと思うのですが、どの程度までのリスクなら許容しようと考えられたのでしょう。

じつは、そのときは夢中で何も考えていなくて、全部後付けなんです。振り返ると臨床医をしていたころから実は毎日少しずつルールを変えてきていて、病棟の責任者になったときも漫然と前と同じことは絶対にしませんでした。小さなことから変えて良かったという経験や、ちょっと失敗したなということを積み重ねていくと、自分がどのくらいのリスクをとれるかが分かってきます。それをだんだん大きくしていって、どのくらいジャンプできるか、経験値で分かるようになってきました。

それでも京都大学から理研に移るときは、本当に怖かったです。

――ボクも医学部の学生で、最終的には研究のほうをやりたいと思っているのですが、臨床の現場にも一度は出てみたいと考えています。先生が臨床を経験されて特に良かったと思うことはどんなことでしょう。

医学部生の方には、10年は臨床をやってください、といつもお話ししています。せっかく医療の現場、患者さんと接することができる特権を持っているのに、もったいないと思うからです。

臨床はジャングルみたいなケモノ道ですから、それを知らないで外から医療の世界に入っていくのは非常に危険で、思わぬ地雷を踏んでしまう可能性があります。臨床の現場で10年やって土台をつくったうえで研究に進むのがいいと思います。

〈2022年5月26日講演〉

第2講

「何をしたいか」という北極星が見えていれば迷わず進める

マイクロ波化学株式会社　代表取締役社長
吉野巌

吉野巌（よしの・いわお）

1967年生まれ。1990年慶應義塾大学法学部法律学科卒、三井物産株式会社入社。2002年米UCバークレーMBA修了、技術経営（MOT）日立フェロー。アメリカにてベンチャーやコンサルティングに従事。

2007年8月、マイクロ波化学株式会社を設立、代表取締役に就任。経済産業省・研究開発型ベンチャーへの投資判断に関する調査研究委員会委員。

大手商社を退社、30代の挑戦

まずは簡単に自己紹介をします。私は1967年生まれで、大学を卒業して三井物産という商社に入社しました。

私が就職した1990年はバブルのピークの時代で、入社当時はバブリーマンなんて言われることもありました。高校・大学とずっとアメリカン・フットボールばかりやっていましたので、就職するときには「実質中卒」と言われたくらいです。会社では化学品の営業の仕事をしていました。

ちょうど10年くらい経ったころ、会社員生活に少し飽きてきて、なにか新しいことをやりたいという気持ちが出てきていました。高校、大学とアメフト漬けでほとんどまともに勉強をしてこなかったという思いがあって、人生一度くらい、真剣に勉強してみてもいいかなと考えて、会社を辞めてアメリカに留学することにしたんです。まだ30代前半で、若かったからできたのだと思います。

2000年に退社し、アメリカのUCバークレー校のビジネススクールに行きました。当時シリコンバレーでは、1998年にGoogle（現・アルファベット）が創業したばかりで、大きな会社にずっと長くいるよりも、小さな会社で力を発揮したほうが面白いという空気が流れているような時代で、私も同じように考えていました。

ビジネススクールを卒業したあと、アメリカでの仕事を探したのですが、ちょうどＩＴバブルが崩壊したばかりということもあって、すぐには見つかりません。

仕方がないので国立公園めぐりをしながら仕事探しをしていたところ、半年後くらいにシアトルでエネルギー・環境関係のベンチャーを支援する会社の仕事が見つかって、そこで働くことになりました。そういう経緯から、やはり自分でも何か事業を起こしてみたいという思いが強くなってきて、とくにテクノロジーを使った会社をやってみたいという思いを持っていました。私自身は研究者、エンジニアではないですが、自分のような経歴の人間でも、仕組みづくりなどで役に立てることがあるのではないだろうかと考えたのです。

そのころに出会ったのが、大阪大学で特任准教授をしていた塚原保徳《つかはらやすのり》と、そのグループです。彼と意気投合したことから、２００７年にマイクロ波化学を創業することになりました。

マイクロ波がもたらすイノベーション

化学というと地味なイメージですが、飛行機の素材や衣服、医薬品などさまざまな製品の原料を提供していて、自動車産業を超えるほどの付加価値を生んでいる産業です。

ただ、それほど大きな産業であるにもかかわらず、１９００年当時のパリ万博の際の化学プラントも、最近のプラントも、写真だけ見るとほとんど区別がつかないということがあります。人間が移動する手段はこの間に馬車から自動車、電気自動車へと移り変わっていて、つまり馬から内燃機関、そして電力へと動力の大きなイノベーションが二度起きていますが、化学品の製造方法はこの120年間、ずっと同じ方法でつくられていて、あまりイノベーションが起きていない領域なんです。

また、工業地帯では化学コンビナートが非常に大きなスペースを占め、産業界のエネルギーの約30パーセントを使い、CO_2を大量に排出するなど、重厚長大型の古い産業でもあります。

私たちはこれを、皆さんのどの家庭にもある電子レンジに使われているマイクロ波を使って変えていこうとしています。マイクロ波とは、電磁波という波のことです。電子レンジだけでなく、レーダーとか、携帯電話の5G回線の基地局などでもマイクロ波が使われていますし、非常に身近にあるものです。

じつはすでに1980年ころから、化学産業でもマイクロ波を使うと非常に面白い実験結果が得られるということが言われていました。伝熱といい、外から間接的にエネルギーを伝えて化学反応を起こすやり方が100年以上続いていたのですが、マイクロ波を使うと狙った物質に直接内部からエネルギーを加えることができますので、これまでとはまったく違ったイノベーティブな方法でモノづくりができるようになります。

正反対のエネルギー伝達手段に変わることで、馬が内燃機関に代わり、内燃機関が電力に代わったような、非連続の破壊的な変化になりえるのです。それによって非常に環境に優しいプロセスを実現できたり、これまでは簡単につくれなかった素材をつくることができたり、CO_2を大幅に削減したりすることが可能となります。

ただ、マイクロ波を使用した化学製品づくりの問題点として、大型化することが非常に難しいということが指摘されています。我々は「大型化の壁」と言っているのですが、具体的には波が深いところまで入っていかないとか、途中で漏れてしまったり、反射してしまったり、あるいは分布がうまくいかずに一ヵ所に集まってしまったりするのです。

とても分かりやすい例ですが、安い電子レンジでお弁当を温めると、端っこのほうは温まっていても真ん中のご飯がまだ冷たいという経験をされたことがあると思います。これは波の分布がうまくいっていないために起きる現象です。

お弁当であれば我慢して食べればいいですが、同じことが化学プラントであるとプラントが爆発してしまう可能性もあるので、大型設備にするのは難しいと言われてきました。

ちなみに、安価な電子レンジがターンテーブル式になっているのは温めるもの自体を動かして均一に加熱するためで、日本の技術者が開発した方式だそうです。しかし当然、大きなプラントでこういう手法は使えません。ですから、マイクロ波は大型化ができないということが常識になっていたのですが、私たちはそこにチャレンジをしているということなのです。

我々のような会社がどうやってできたのかとよく訊かれます。

理由はいろいろあると思いますが、ひとつには、一緒に会社を立ち上げた塚原保徳が物理のバックグラウンドを持つ人間で、そこに化学者とエンジニアの集団が加わり、それぞれの専門分野の業際（異なる事業分野にまたがること）で立ち上げたプロジェクトだということがあると思います。

新しい事業というのは往々にして「業際」から起こると言います。そういった辺境というか、端っこにチャンスがあるのかもしれません。

トライアル&エラーのさらにその先に

マイクロ波についてはここではあまり詳しい話はしませんが、マイクロ波の吸収のされ方は物質によって違い、さらに温度帯や周波数によっても異なりますので、どの物質に、どのようにマイクロ波を当てるか、三次元でプロットします。料理で言うレシピのようなものをつくっていくわけです。さらに、マイクロ波をどうやって伝えるかを社内のコンピュータ担当がシミュレーションしていきます。つまり、サイエンス・エンジニアリングとシミュレーションを融合することでチームをつくっていきました。

はじめはとても小さな装置からスタートして、トライアル・アンド・エラーをしながら毎年一つかふたつの装置をつくっていきました。小さな机くらいの大きさのもの、さらにドラム缶くらいの大きさのもの、と徐々に大きくしていって、幸い大きな事故は起きませんでしたが、毎回たいがいシミュレーションどおりにはいかないという失敗を繰り返していました。

会社創立5年目、2012年にようやく大型化に成功します。

ここで、我々が学んだこととしていまも社内で大事にしていることがあります。それは、エンジニアとサイエンスのチームをつくって融合し、トライアル・アンド・エラーを繰り返していっただけでは足りなくて、そこから学んでさらにトライアルを繰り返していくことが重要だったのではないかと思っているのです。

ウチの会社はここまで、ファンドから50億円、公的資金から30億円の助成を受けて合計80億円くらい使っているのですが、もし大企業で「10年間、80億円かけて、できるかどうか分からないけどやりたいんです」と言ってもなかなかウンと言ってもらえなかったと思います。三井物産にいたら、どこか辺境の支店に飛ばされていたでしょう（笑）。そういうことができるのが、ベンチャーのいいところですね。

「浅はか」なビジネスプラン

大型化に成功し、いよいよ事業にしようと考えて、あちこちのメーカーに話をしに行きました。そこで対応してくださるのは、たいがいその会社の社長さんか、取締役クラスです。化学反応の反応器を変えるということは、自動車会社で言えばエンジンを変えてしまうようなものなので、どうしても経営者が判断するレベルの話になります。

会社を訪問してウチの技術についてお話しすると、だいたい面白いね、という話になるんです。「ウチの会社はイノベーションをやりたいんだ」と仰るし、実際、その会社のウェブサイトを見るとイノベーションを起こす会社と書いてあります。

しかしそのあとに、「ところで、そのプラントはどこにあるの？」と訊かれるんですね。「御社が第一号のプラントです」と言うと、そこから腰が引けてきて、いつの間にかプロジェクトが止まってしまうということを何回か経験しました。我々はこれを「実績の壁」と呼んでいます。このまま同じことを繰り返していると会社が潰れてしまうと思いまして、周りの人間にはほぼ全員に反対されたんですが、２０１４年に、大阪市の住之江区に自らプラントを建てることにしました。世界初のマイクロ波の実証工場をつくり、のちにここから新聞用のカラーインクの原料を出荷することに成功しています。このとき、最初に発注いただいたのが、東洋インキさんです。いまでも足を向けては寝られないお客さまです。

幸い懸念された事故も起きず、誰も死ぬこともなく、プラントを立ち上げることができました。これによって実績ができまして、ウチの技術は使えるということが知られるようになってきたということです。

今回の講座はディープテックがテーマということで、ディープテックにも色々な定義があると思うのですが、基本的には立ち上げにおカネがかかることが多いと思います。自分ひとりでできるような技術というのはなかなかありません。

会社を立ち上げると、どういう実績があるのかと必ず訊かれます。

日本の会社だけでなく、アメリカの会社に売り込みに行ってもそれは同じです。そのとき、ITの会社であればまずソフトウェアを公開して、多少不完全なことがあっても少しずつ改善していくということになりますが、我々の手がけているような化学工場は不完全であれば死者が出る可能性もありますし、自動車会社が不完全な自動車を売ればやはり死傷事故に繋がります。

ディープテック起業ではそこがなかなか難しいところで、小規模であっても完全なものを提供していく必要があります。しかも最初は、事業のパートナーを探してもなかなか提携していただけないことも多いので、自分たちで全部やりきる心構えが必要になってきます。

我々の場合は、工場もできたのでこれで事業化できるかなと思っていたのですが、最初から順調にいったわけではありませんでした。2008年当時は原油が1バレル140ドルくらいまで急騰していまして、廃油からバイオ燃料をつくればビジネスになるのではないかと考えて、工場の敷地の中にプラントをつくらせてもらい、オンサイトでやっていこうというビジネスプランだったのです。いまから思うと非常に浅はかでしたが。

ところが、実際に工場に行くと、はじめは「面白いからやろう」と言われていても、工場内にマイクロ波のプラントを置かせてほしいと言うと、「マイクロ波って放射能ですか？」というような質問があったりして、やっぱりよく分からないものは置きたがらないということがありました。

次に、どこか一ヵ所にプラントをつくって、そこに廃油を集めて燃料にして売ればいいと考えたのですが、これもうまくいかない。エネルギー政策を策定するのは国ですが、日本ではどうもバイオ燃料にそこまで注力していない、それはいまも変わっていないですね。

ピボットを恐れない

そんなときに声をかけていただいたのが先ほど申し上げた東洋インキさんでした。廃油から新聞用インキの原料をつくりたいということで住之江の工場で製品をつくることになったのです。

ただ、新聞のカラー印刷の市場は基本的に右肩下がりですし、これからもどんどん市場規模は小さくなっていくことが予想されます。我々の会社の最初の実績、あるいは技術の証明という意味では良かったのですが、つくってもつくっても全然儲からないですし、売りに行っても毎回値段をどこまで安くできるかという話をされるような環境でした。

そもそも、私たちが会社を立ち上げたのは環境やエネルギー問題に貢献する事業をやりたいという思いからですので、事業内容を転換しようと考えました。この事業を立ち上げる過程で我々が得た技術プラットフォームを、トータルソリューションとしていろんなお客さまに売っていこうということにしまして、ようやく軌道に乗り出したのは3～4年ほど前です。

事業内容は今後ももちろん変わっていく可能性はあるのですが、いまはこのモデルでやっていまして、塩野義製薬さん、積水化学工業さん、ペプチドリームさんが立ち上げたペプチスターさんのペプチド医薬品の製造工場に我々の技術が入っていたり、太陽化学さんと合弁で、マイクロ波を使った乳化剤の工場を立ち上げています。

あるいは、コロナ禍で非常に売れたアクリル樹脂の再利用のために、三菱ケミカルさんとリサイクル設備の建設に向けた検討をしています。

このとき学んだこととして、スタートアップ用語で「ピボット」という言葉があるのですが、検証してダメだったら市場を変えるかテクノロジーを変えるかという判断をしなければいけません。我々はマイクロ波というテクノロジーを軸に、最初はバイオ燃料からスタートして、化学品の製造・販売、最終的にはテクノロジーのプラットフォームを売る会社になったわけです。

最近は脱炭素ということで我々にも新たな追い風が吹いていると感じています。世界各国で新たなCO_2排出量の削減目標を定めたり、Ａｐｐｌｅなどの大手企業がカーボンニュートラルにすると宣言しています。

ビル・ゲイツが著書のなかで、「脱炭素のための唯一の道筋は、モノづくりにおいては電化だ」と言っています。なぜ電化なのかというと、日本にいるとあまり感じませんが、海外では電気がどんどんきれいになり、安くなっているということがあります。一説によるとGDPベースで世界の75パーセント以上の国でガスや石炭による発電よりもリニューアブル（再生可能）発電による電気のコストのほうが低くなってきています。このきれいかつ安くなった電気を使ってモノづくりをすることで、脱炭素に貢献することができるのではないかと考えているのです。

マイクロ波は狙ったところに直接エネルギーを伝えられるので、非常に効率がよく、リニューアブル由来の電気と組み合わせることで、8割から9割くらいCO_2を削減することも可能です。事業の方向性としてマイクロ波を使った大幅なCO_2排出量削減に多くの企業と一緒に取り組んでいるところです。

ディープテックの「死の谷」

非常に手前味噌な話ですが、ウチの会社は実はテスラに似ているんじゃないかと勝手に思っていまして、テスラもはじめは「自動車のような巨大メーカーがいる装置産業で、スタートアップが新たに参入できるはずがない」と言われていたところにチャレンジしたという共通点があります。

もう一つは、テスラ自体にはものすごいテクノロジーがあるわけではなくて、パソコンの普及で安価になったリチウムイオン電池を敷き詰めて、ソフトウェアで動かしたら自動車が走らせられるという発想からスタートしています。様々な要素技術が発展していくなかで、それらを組み合わせることでイノベーションを起こしているのです。

我々も似たようなところがあって、マイクロ波自体は何十年も前からあるテクノロジーですが、これをベースにして様々な要素技術を組み合わせてモノづくりの世界でイノベーションを実現しているという点が共通していると思っています。

実はもう一つ共通しているところがあって、事業の初期にかなり赤字を垂れ流しているところです（笑）。テスラはようやく最近黒字化していますが、我々ももう少しかなと思っていますので、その点も共通しています。

ファイナンスの面では、三つほどお伝えしたいことがあります。ひとつは「死の谷」という言葉で、会社の創業期には挑戦的な技術を評価されて公的な助成金などそれなりに資金を調達することができるのですが、徐々に現実に近づいてくると、「なぜ政府の資金をそんな金儲け事業に拠出するのか」という批判も出てきますし、一方で銀行はなかなか融資をしてくれないので、技術が研究から進んで実証フェーズに入るあたりで死に絶えてしまうという、よく知られた話があります。

いま振り返ると、我々にもやはりこの「死の谷」に相当する時期がありまして、それが2010年から2014年くらいだったと思います。最初は自分たちのおカネでスタートして、その後の基礎研究フェーズでは経産省やＮＥＤＯ（新エネルギー・産業技術総合開発機構）などの助成金を獲得し、実証フェーズにおいては、ＵＴＥＣさんのようなファンドの出資もいただくことができました。そのような形で多様に資金を調達して、それで先ほど述べた大阪の工場を立ち上げてきました。

そのあと、住之江でインク工場を立ち上げただけではビジネスとしてまだまだなので、量産化していかなければいけない。そこに対する資金の出し手が少なくて、ここに第二の死の谷があったように思います。我々の場合、四日市の合弁工場を立ち上げるのに相当な資金を使っているのですが、ここがまさに第二の死の谷だったと思います。ベンチャーキャピタリストも、量産のための資金は出しきらないというところがあるのです。

脅かすわけではないですが、ＩＴに比べてディープテックはとにかく時間がかかりますし、実証開発という第一の死の谷を越えても、量産化しなければいけないし、まだなかなか世の中には認めてもらえないうえ、売り上げも簡単にあがらないということがあります。

ですから最初からある程度、事業化までには相当な時間がかかるということを念頭において資金調達の計画も立てたほうが良かったなといまは思っています。

ふたつめは、「融資（デット）の活用」です。製造設備を立ち上げるにしても、ベンチャーキャピタルさんの資金だけではなかなか賄えないんです。ＶＣは革新的なテクノロジーにおカネを出しますが、工場を立ち上げるときにはそれ以外の付帯設備にかなりの資金が必要になります。

我々が工場を立ち上げるときにも、マイクロ波自体の設備以外にも前後工程、タンクや出荷設備などをつくらないと生産できませんでした。結局、プロジェクト全体のなかでイノベーティブな部分に使うおカネは5パーセントか、10パーセントくらいです。モノづくりの世界でイノベーティブなことを実証して実績をあげるためには、周辺設備に何十倍のおカネを投資する必要があって、実はそこがとても難しいところです。

それでも、そこを越えないと第二の死の谷に落ちてしまうかもしれませんので、提携先に出してもらうか、公的資金を使うか、銀行はなかなか融資してくれませんが、パートナーに保証を入れてもらうなど様々工夫をして融資を引き出さないとこういう設備投資は難しいということを学びました。

我々におカネを出していただいた方を全体で見ると、VCが7割くらいで、あとは自治体や国の機関、公的な金融機関など、という割合になっています。

もうひとつ、「スマートマネー」という言い方をしますが、資金の出し手から、会社を成長させるために助言をいただく方、お客さんを紹介してくださる方、事業を手伝ってくれる方などの支援をいただくことも重要だということを学びました。

いろいろ大変だというお話をしましたが、私自身はやってみてとても楽しかったと思っていますし、北極星というか、何をやりたいかということがはっきり見つかっていればそれをずっと持っておくことで迷わずに進めると思います。

もちろん時間もかかるし、何度もピボットしなければいけないし、おカネもかかるんですが、ぜひ皆さんも自分なりの目標を探して、会社を立ち上げたら楽しいと思います。

〈以下質疑応答〉

――研究者の方と出会って一緒にやろうと考えられたというお話でしたが、どういうところに惹かれたのですか。

実は、塚原と出会う前に色々な人に会っているんです。実際に一緒に事業を始めたいと思った人もいたのですが、塚原については、この人は本気なんだなと強く感じたということがあります。このテクノロジーを社会実装というか、世の中に出したいという気持ちがとても強かったのです。

彼はいま大学のポストは離れていますが、アカデミアにおける自分のキャリアとか、そういうものすべてと比べてもこのテクノロジーを世の中に出していくことへのプライオリティが高かった。そこに惹かれたというか、それがなかったら一緒に会社を立ち上げようとは思わなかったですね。もし、自分にとってこの技術が一番でも共同創業者がそうではなかったらいつか辞められてしまうかもしれませんし、そこは非常に重要なポイントだったかなと思います。

――バックグラウンドの違う人が集まってチームをつくることの良い点と、大変だったということがあれば教えてください。

良かったことのほうがずっと多いですね。技術的な面から言うと我々はモノづくりの会社ですが、ラボからモノづくりまで一通りやることを会社のサービスとしていますので、そういう意味で多様なバックグラウンドを持つ人間がいるということが必要でした。わずか六十数名の会社ではありますが、多様性がないとそうしたサービスは提供できないということもありますので、そういう意味でやはり必須の条件ですね。

もう一つ、皆さんが会社を立ち上げようというときにはやはりパートナーとか共同創業者を探すのがいいと思います。違った視点からものごとを見て議論できるので、できれば違うバックグラウンドを持った人と組むことをお勧めします。事業の初期はあまりに辛くて一人だと心が折れるかもしれませんので、互いに支え合うようなパートナーがいたほうがいいと思います。

――ディープテックは時間がかかるというお話でしたが、たとえば、いまの倍の人員を投入することで事業化までの期間を半減させるとか、そのようなシミュレーションはされたのでしょうか。

我々がやっているときは資金の調達がギリギリでしたし、なかなかそういうことは想定できませんでしたが、資金がより調達しやすい環境でしたら、そのようなことも可能かもしれません。

なぜ時間がかかったのかと考えると、新しいテクノロジー、新しいビジネスモデルで一発で正解にたどり着くことはほとんどなくて、我々も何度もピボットしています。バイオディーゼル燃料をやって、撤退して、インク工場をやって、実はそれもいまは止めているんです。そういうトライアル・アンド・エラー、仮説の検証には非常に時間がかかります。一方でそれがないと新しいものごと、ビジネスはできないので、多少期間を短くすることはできるかもしれませんが、基本的に長くなることは覚悟しておいたほうがいいと思います。

自分の反省も踏まえて言いますと、２００７年に会社を立ち上げたときは、成長軌道に乗るまでこれほど時間がかかるとは思っていませんでした。結構甘く考えていて、5年くらいでなんとかなるのかなと思っていたのですが、全然なんともならなかったというのが現実です。

ですから、もし私自身が昔に戻れるのであれば、はじめからある程度時間がかかることを想定していればそれなりの打ち手があったかもしれないですね。

――ディープテック起業について広範囲に見たとき、新しい技術の開発と、仮説検証、それから顧客教育の三つのうち、もっとも時間がかかりそうだと想定されていたのはどれでしょうか。

どれも時間がかかると思いますが、もっとも大変なのは顧客の開拓の面です。化学産業も、自動車産業もずっと何十年も同じことをやってきていて、レガシーの仕組みが強い業種では、そこを変えていくのはすごく大変だということは言えると思います。

――現在のビジネスモデルはソリューション型というお話でしたが、はじめからこのモデルであれば、もっと早くパートナーを見つけられたとお考えでしょうか。もしくは、はじめに自分たちでプラントをやっていたからこそ、いまのビジネスがうまくいっているということでしょうか。

そうですね、いま振り返って考えても、おそらく自分たちで一度つくってみなければいけなかったかなと思います。

それにはふたつ理由があって、まずひとつはテクノロジーとして使えるものになっているということ、そしてもう一つはモノづくりとしての安全性、安定性を、法令に沿った形で維持できているということ、その両面で実績をつくらないといけなかったということがあります。

住之江の工場を立ち上げたときも、化学品の製造には消防法のレギュレーションに沿っている必要があったのですが、マイクロ波でモノづくりをすることは消防法のどこにも書かれていないので、所管する総務省本省まで足を運んで、交渉して通してもらったのです。そういうことを自分たちで経験していないと技術を活かすことができないですし、ソリューションに特化することはできなかったと思います。

——先ほどお話のあった第一、第二の死の谷を越える前とあとでは社内の雰囲気はどう変わったのでしょうか。また、経営者としてどのように会社をコントロールしたのか教えてください。

「死の谷」を越えているときは、じつはそれしかプロジェクトがなく、すべての会社のリソースを注ぎ込んでいる状態でしたので、そういう意味で非常に一体感があったと思います。

今度はそれを広げていくフェーズになりますが、全員で一つのプロジェクトをやっているわけではない分、どうしても拡散していく局面にはなりますので、一体感を維持するプロセスを入れていくように気をつけています。スタートアップの勢いとかスピード感を失わないようにしつつ、色々なプロジェクトが並行して走っていても会社がバラバラにならないように、かつアクセル全開でいけるようにしたいと思っていますが、簡単ではないですね。

――起業される際には、市場規模と成長性をどの程度気にされていましたか。

バイオディーゼル燃料を手がけたという意味では成長性を非常に意識しましたし、市場の大きさも気にしたと思います。双方とても重要だと思います。

好きなことをやるのももちろん大切ですが、そのなかでやはり世の中の社会的なニーズがあって、「風が吹いている」ところでやるということが非常に重要だと思っています。それが資金の調達のしやすさにも関わってきますし。

既存の市場に新たに入っていくのはなかなか難しいですから、新しい市場を狙う、しかも成長しているところでと考えていました。その判断は、間違っていなかったと思います。

〈2021年10月28日講演〉

第3講

現状の外側に立つ思考ができれば未来が見える

化学者・発明家
一般社団法人　炭素回収技術研究機構（CRRA）
代表理事・機構長
村木風海

村木風海（むらき・かずみ）

2000年生まれの化学者兼発明家。専門はCO_2直接空気回収（DAC）、CO_2からの化成品合成（C1化学）。「地球を守り、火星を拓く」をスローガンに、地球温暖化を止める方法から人類の火星移住の実現まで研究を行っている。小学4年生から研究の歩みを始め、高校2年で総務省戦略的情報通信研究開発推進事業異能vationプログラム「破壊的な挑戦部門」に本採択。同年炭素回収技術研究機構（CRRA）を創設して機構長に就任。

2019年、研究実績により東京大学推薦入試に合格し入学（工学部領域5）。2021年、東京大学工学部化学生命工学科に進学。

ポーラ化成工業株式会社フロンティアリサーチセンター特別研究員（サイエンスフェロー）、株式会社Happy Quality科学技術顧問、トーセイ・アセット・アドバイザーズ株式会社科学技術顧問を兼任。2021年内閣府ムーンショットアンバサダー就任。

火星の夕陽は、なぜ真っ青なのか？

私はいま、東京大学の工学部化学生命工学科に所属する4年生で、同時に教養課程2年のときに自分の会社（一般社団法人炭素回収技術研究機構、通称CRRA《シーラ》）を立ち上げ、そちらの機構長として活動しています。

ミッションとして掲げているのは「地球を守り、火星を拓く」というかなり大きなテーマで、地球と火星ではまったく違った領域のように思われるかもしれませんが、じつはそれがつながっているということ、そして、そもそもどうしてこんな大それたテーマに取り組んでいるのか、それをお話ししたいと思います。

はじまりは小学校4年生のときに出会った一冊の冒険科学小説でした。そこに掲げられていた火星のイラストに、強く惹きつけられてしまったのです。

小説を読んで特に印象的だったのは、火星では夕陽が真っ青だということでした。なぜ赤ではなく、真っ青なのか？　その理由は、いまも分かっていません。小学生の私には、衝撃的な事実でした。自分が人類で一番早く火星に行って、その青い夕陽をこの目で見てみたいと強く思ったのです。

そこから火星について調べてみると、どうやら火星にも空気はあり、その成分は地球とは大きく違っていて、95パーセントが二酸化炭素で占められていると分かりました。その事実が、「二酸化炭素を集める」という現在の研究の原点になっています。その後、中学生になって地球温暖化の問題について知り、自分の研究が地球を守ることにもつながるのだということに気づき、そこから「地球を守る」ことと「火星を拓く」の両軸をテーマに研究するようになりました。

この研究は「気候工学」という分野になるのですが、そもそもこの研究分野自体、まだ十数年前にできたばかりで、私が中学2年、8年ほど前に本格的に研究を始めたころは、この分野について日本語で書かれた本は1～2冊で、それもほかの分野の研究者が解説的に書いたものだけでした。

関連する分野の研究者は多くいても、気候工学を専門にすると言っている研究者は当時私ひとりという状態で、当然ながら教えを乞う先行研究者も見当たらない状態でした。

小学生時代から通算すれば、いままで12年ほど研究を続けてきましたが、そのうち10年くらいは厳しい批判にさらされてきたように思います。

中学生、高校生時代からの指導教官に「お前の研究の何が面白いんだ」「そんなのすぐにやめちまえ」と言われたこともありますし、関連領域の学会に出席しても白い目で見られ、厳しい空気を感じました。

アカデミアの世界だけでなく、一般の人からの理解もなかなか得られなくて、厳しい視線にさらされてきたと思います。

私はけっしてメンタルが強いほうではなく、プレッシャーがかかるとすぐにお腹を壊してしまうような、いわゆる「お豆腐メンタル」の人間なんですが、あるときからふと気づいて発想を転換することができました。

中学、高校生のころ、指導教官から「お前の研究なんて、うまくいくはずがない。無理だ」と言われつづけ、試薬さえ出してもらえず、自分のやりたい研究ができないということがありました。仕方なく、先生の目を盗んでこっそりやってみた実験の結果は、意外にも大成功でした。

このときの実験がうまくいったのはたまたま、偶然だったと思うのですが、そのときから私は、「もし誰かに自分を否定されても、むしろそれがうまくいくサインなんだ」と思い込むことにしたのです。

同じような経験は、その後にもう一度ありました。批判にさらされても「必ずうまくいく」と手を動かしつづけ、このときも運よく実験は成功しました。

この2回の経験が私にある確信をもたらしてくれました。「誰がなんと言ってきても、ノーと言われたときにこそ、むしろ喜ぶ体質になろう」という思いです。はじめからそう信じられたわけではなく、苦しいことも多かったのですが、まずは自分にそう思い込ませよう、自分の頭を騙して、そのように信じ込ませようとしたのです。

「うまくいくわけがない」と言われることはその後も何度もありましたが、「自分を騙す」ことによって批判を受け流し、客観的に見られるようになっていった結果、研究はどんどん加速していったように感じています。

私の研究は仕事でやっているものではなく、与えられた使命というわけでもありません。言ってみれば、ある意味趣味で「地球を救う」研究をしているので、誰も趣味に対して批判するいわれはないと考えているんです。そんなふうに言うと真面目に研究を重ねている人に叱られてしまいそうですが……。

たまたま好きだった化学が、たまたま役に立っただけのことで、だからこそここまで続けてこられたのかなと思っています。

「室外機のお化け」でCO_2を吸収

小学校、中学校のころから研究を続けてきて、進学する大学についても、どのような研究室があるのかによって決めたいと考えていました。高校1年生のころから、全国の大学の研究室に連絡をとってアポをとりつけ、見学をお願いしたり、話を聴いたりということを続けてきました。東京大学に進学したのは、いま在籍している研究室の研究内容に魅力を感じたためです。

高校生のとき、ネットで二酸化炭素から燃料をつくるという論文を調べていて、広島大学の教授の連絡先を見つけました。かなり気おくれしましたが、勇気を出してメールを送ってみたところ、すぐに返信をいただきました。研究室の見学をさせてくださいとお願いしてみたのですが、「いいよ、おいで」という返事で、私は山梨の出身ですが、嬉しくてすぐに山梨から夜行バスに飛び乗って広島に向かったのです。ゼロ泊3日の弾丸旅行でした。早朝、広島大学に着きその広大さに呆然としていると、教授が迎えに来てくださって、キャンパス内をご案内いただきました。いろいろとお話しするうち、「君、気に入った。ウチで研究していくかい」と言ってくださって、そんなところから共同研究みたいなことが始まったのです。

ですから、ネットを検索することと、電話して連絡をとることはもっとも手軽にできる自分の高め方なのではないかなと思います。気になったことをハテナのままで終わらせずに、勇気を出してメールを出すか電話して連絡をとり、会いに行ってみること。そうすればいままでの自分の世界が完全に打ち砕かれて、新しい世界に踏み込んでいくことができると思います。

いまならオンラインで会うこともできますしね。

このころ、高校生のときに、ダイレクト・エア・キャプチャー（DAC）という装置のことを知りました。巨大な室外機のお化けみたいなものなんですが、これで空気を吸い込みます。反応自体は単純なもので、装置のなかにあるアルカリ性の液体が空気中の二酸化炭素と反応し、吸い込んでくれます。皆さんも、小学校のころ石灰水に息を吹き込むと白く濁るという反応を経験されたことがあるかと思いますが、それと同じ原理で、様々な液体を使って二酸化炭素だけを中に取り込み、きれいになった空気を外に出すという装置です。

実はこのような巨大なDACがいま、世界中で造られはじめていまして、ある会社の装置を置いた場合で試算してみると、私の出身の山梨県の半分くらいの面積をこの装置で埋め尽くすだけで、世界中の1年分のCO_2排出量をすべて帳消しにすることができるのです。そのくらい、技術は進歩してきています。

山梨県の半分を埋め尽くすくらいのDAC建設にかかる費用は、3000兆円くらいとCRRAでは試算しています。これはランニングコストを度外視して、当初の建設費だけの金額です。3000兆円というとかなり巨額に思えますが、いまや日本の民間企業のなかにも脱炭素に2兆円支出するという会社もありますので、世界中の大企業や国家予算から少しずつ分担して拠出すれば、技術的にも予算面でも温暖化は解決可能な課題なのです。

実際、世界では、スイスのクライムワークス、カナダのカーボン・エンジニアリングとかアイスランドのカーボン・リサイクリング・インターナショナル、オランダのランザテック、アメリカのグローバル・サーモスタットなど欧米圏でベンチャー企業がたくさん設立されています。

しかも、二酸化炭素はどこか新興国の上空に大量に滞留しているというわけではなくて、世界中どこでも二酸化炭素の濃度はほぼ均一ですから、電気代が安い国や設置のための建築費が安い国、広大な土地が余っている国などで造れば、費用はぐっと安くなります。

高校2年で「異能vation」に採択

こうした装置にヒントを得て、「ひやっしー」という世界最小サイズの二酸化炭素回収マシンを構想しました。ボタンひとつで、誰もが空気中から簡単に二酸化炭素を吸い取ることができるDACです。

これ一台で地球全体を冷やすことができるようなものではありませんが、将来的には多くの人がこうした小型のDACを使うことで分散型で温暖化を緩和することができ、人々の意識も変えていくことができる。そして、多くの人の関心が得られた段階で大型のDAC装置を開発し、強制的に二酸化炭素を吸い取っていくという展開を考えました。それによって地球を冷やしていくという構想を踏まえて、ひやっしーという名前をつけました。

ひやっしーの最大の特徴は、二酸化炭素の見える化をしているところです。このモニターに映し出された顔が二酸化炭素の少ないきれいな空気のときには笑顔、少しずつ二酸化炭素が溜まってくると真顔になり、口がへの字になっていって、最後には目がバッテンになってしまう、そんなペットみたいな愛くるしい見た目の装置になっています。

さらに私たちが開発したHiyassy Webというサイトで入ってきた二酸化炭素の濃度と排出された二酸化炭素の濃度がグラフで視覚的に見えるようにしています。

この装置の構想が、２０１７年度の総務省「異能vation」プログラムの「破壊的な挑戦部門」の採択者に選ばれたのです。

このプログラムは、総務省が主催して２０１４年から始まっているもので、「ＩＣＴ分野において破壊的な地球規模の価値創造を生み出すために、大いなる可能性がある奇想天外でアンビシャス（野心的）な技術課題への挑戦を支援」としています。初年度には、あの落合陽一さんも挑戦者の一人として選出されています。

私としてはまったくダメ元のつもりだったのですが、約１０００人の応募者のなかから、13人の一人に選んでいただきました。高校2年生のときです。

選出されると、1年間を期限に最大３００万円までの資金を援助してもらうことができます。私はこの資金を受けて、高校3年生の夏休みは、午前中は受験勉強、午後はひやっしーをつくるという生活を約1ヵ月続け、なんとか21台のひやっしーを完成させました。

そこからさらに改修を重ね、現在ではＣＯ$_2$回収性能は８７０倍、バージョンは第4世代のひやっしーまでに至っています。

はじめに申し上げたとおり、私は社会課題解決のために二酸化炭素回収装置に取り組んできたわけではなくて、楽しいと思えることを続けてきただけなのです。私自身はすごく飽き性で、三日坊主どころか一日坊主と言われたこともあるくらいですが、二酸化炭素回収の研究だけは面白くてハマってしまったのは、火星に行きたいという思いが一番にあるからです。

人によっては社会課題解決のためにという目的意識で長く取り組むことができるのかもしれませんが、私にとって社会課題は結果的に解決するものであって、自分の目的とするものではないのではないかと思ったのです。

やはり火星に行きたい。そのために、二酸化炭素から燃料がつくれたら面白いと思いついて、次に二酸化炭素を新たな価値にするための研究を始めたのです。

着手したのはやはり高校2年生のころで、二酸化炭素から直接、天然ガスのメタンをつくってしまう、ある反応を発見することができました。これもまったくの思いつきだったのですが、手近にあった98円のスーパーのアルミホイルを集め、二酸化炭素と水とアルミを混ぜるだけで天然ガスができるという、これまでに100年間使われていなかった反応を発見することができたのです。とても驚くと同時に感激しました。それほど化学の知識がない学生の段階でも、理論的に詰めていくのとは別のアプローチでなにか新しい発見にたどり着くこともありえます。ですから、必ずしも博士号を持っている人だけが重要な発見をすることができるわけではないんです。

学生と起業家の二足の草鞋

東大に進学したあとの2020年4月、一般社団法人「炭素回収技術研究機構」、通称CRRAという独立系研究機関を立ち上げました。一般社団法人は株式を発行しないので、株式会社に比べると資金集めが難しいという面はありますが、その分、株主からの注文をいっさい気にしなくていいので、研究者などにはお勧めの形態です。

在学中に起業することのメリットは、多くの人が指摘されているとおり好きなだけ失敗ができるということに尽きると思います。「必ず成功しなければいけない」というプレッシャーもないですし、とくに1～2年生までの教養学部時代にはぜひ起業をお勧めしたいと思っています。

3年生、4年生になると就職活動や大学院進学のための準備が目の前に迫ってきて焦ってしまう面があると思うのですが、1～2年生のころはまだそういうことを考えなくてもいい時期なので、もし起業してダメだったら元に戻せばいいいんです。

もちろん、起業するにはきちんとした計画を立てて取り組む必要は当然あるのですが、実際問題、司法書士を一人見つけてきて「会社をつくってください」と依頼すれば2週間後には会社はできています。私の場合もそうでした。

逆に、いざ起業してもうまくいかなかった場合、ある程度おカネを残しておかないと会社を潰すこともできないということはあるんですが、そのあたりをきちんとしておけばいつでも清算することはできるんです。一度会社を立ち上げてしまったらずっと縛られるというものでもないですし、どんどん挑戦していただければと思います。

とくに理系の学部ですと、授業が必修科目だらけで非常に忙しく、起業して活動する時間をつくるのが非常に難しいことは承知しています。私自身も2年生のときは必修に追われていましたし、3年生のときも週に20コマくらい出席する必要があったので、朝8時半から夕方5時、6時ころまで授業を受け、そのあと自分の研究所に泊まり込んで深夜まで実験して、翌朝ヨレヨレの状態でもう一度大学に行くというような生活でした。

少しだけ助かったのはコロナ禍でオンライン講義が増え、大学に行かなくても受講できるようになったことです。自分の研究用の実験の物質を仕込みながら講義を聴いたり、教授がアップロードした授業動画を1・5倍速で集中して見たりしながら時間をつくりました。

たしかに忙しいですが、頑張れば両立は可能です。現在は研究室が月曜から土曜まで、朝9時半に行くことがルールになっていますので3年生のとき以上に忙しい日々ですが、研究室では集中して取り組んで夕方までに終わらせ、夕方から夜、自分の会社の研究に取り組んでいます。

ネット放送局を設立した意図

CRRAの在籍研究員は12名（注：本稿執筆時点では21名）で、「地球を守り、火星を拓く」のスローガンの下、地球温暖化を止める研究から人類の火星移住を実現する研究まで、一貫して研究を行う独立系研究機関として活動しています。

弊社は3ヵ所の拠点があって、私がいまいるのがお台場にある東京りんかい研究センターの11階の研究所です。ここには実験台やフライトシミュレーターがあり、カフェスペースもあってあらゆる世代がフランクに研究のことをディスカッションしています。ほかに2つの拠点、工場を持っています（注：現在は規模拡大のため移転・統合し、本社はお台場の有明地区、東京ビッグサイト横の有明セントラルタワーに移転）。

研究員は一番下は新高校1年生のインターンから、東大生も含めて大学生として第一線で研究している人もいますし、一番上は64歳のベテランの方までいます（注：現在の最年少研究員は自力でCO_2吸収ドローンを開発し、入社した10歳の小学4年生）。

組織の体制としては、機構長局（S・i6）というところではCRRA全体の研究を統括し、とりまとめています（注：現在は発展的改組し、機構長局＝CICとして、第1課＝S・i1から第6課＝S・i6まで存在）。

気候危機管理局（C3）には化学者、化学を勉強したいという人がつどって地球温暖化を止めるための研究をしています。さらにその研究で得られたものを使って、二酸化炭素を直接、空気中から吸い取る機械「ひやっしー」「ひやっしーえんとつ」等の開発や、二酸化炭素から直接燃料を合成する研究をしています。

新都市交通局（NUTS）ではその燃料を使って車や鉄道を走らせる研究を進め、その子会社として運送会社や鉄道会社をつくろうとしています。海上運輸開発局（MU4）というところではCRRA所属の研究船2隻が千葉県と伊豆諸島の不定期航路の運航をしようという取り組みをしています。

航空宇宙局（S2）ではCRRAの二大ミッションのひとつである、人類ではじめての火星到達を目指す研究を行い、航空部門では二酸化炭素からつくった燃料から飛行機を飛ばしたり、小型機専門の航空会社・ウィンドオーシャン航空（WOA）の設立を目指すべく研究を行っていたりします。

さらにせっかく素晴らしい技術やアイデアがあっても、それを人にうまく伝えて人の心を動かさなければ科学者の努力が報われることはないと思うのです。そこで独自に独立系の放送局であるＣＲＲＡ国際放送（ＣＩＴＶ）というインターネット放送局をつくりました。人類全体が明るく前向きに意識を変えてしまうような方向も研究して運営しています。温暖化の研究はいまや国家間のすごく大きな競争になっていますので、広報情報分析局（ＰＲＩＳＭ）というところでは、サイバー防衛や統計学・心理学に基づく戦略的な意識改革・広報活動を行っています。

２０２２年４月からはさらに、有人宇宙探査のためにヒトの寿命を２５０年くらいまで拡張するための研究も始めました。化学生命医療局（ＬＣ３）という組織で、生命科学系、薬学系、医学系の人たちも加わっています。

私自身はＣＲＲＡ以外のところでも研究はしていて、化粧品会社の特別研究員、アグリテックの会社の科学技術顧問、不動産投資信託会社では二酸化炭素を出さないビルや街をつくる都市計画に携わっています。

２０２１年からは、温暖化をまるごと解決してしまおうとか、火星を目指そうというような奇想天外で野心的な研究を支援する内閣府のムーンショット計画のアンバサダーも務めています。

「現状の外側」の世界に立つ

理系の研究者が組織のトップとなって運営していくことの難しさについて聞かれることもありますが、これについては私自身、一人の科学者として複雑な思いを抱えています。一般に大企業では文系出身のトップが多く、研究者が経営の舵取りをすることは少ないですが、やはり研究者こそもっともよく研究内容に精通しているわけですから、現場の第一線の研究者のことを理解するうえでも、研究者自身が経営にあたる会社がもっとあってもいいのではないかと思っています。

実際に自分自身が組織のトップを務めていて、絶対に自分が追いつかれてしまってはダメだと感じます。自分自身が全力で駆け抜け、旗振り役になることで、みんなもついてこようとしますし、トップがすべての分野で秀でている必要はないと思うのですが、なにかひとつはやはり、抜きん出ている必要はあるかもしれません。それに加えて、意識の面ではやはりその組織のなかでもっともぶっ飛んだ発想の持ち主である、ということがいいのではないかと思います。

代表者が、「現状の外側」の世界に立つ思考ができていると、組織自体の天井がはねのけられ、それによって組織にいる人たちや研究員が広い世界を知覚して、「ウチのトップはそんな先のことまで見据えているのか」と衝撃を受けることで、目先の目標だけに囚われることなく、遠い未来まで見ることができるようになると思うのです。輪ゴムの端を引っ張るとその分反発力が強くなるのと似ているのかもしれませんが、現状と目標が近すぎて距離がとれていないと、目標へ向かおうとする力が弱くなってしまうと思うんです。

代表者が現状の外側が見えていて、遠い目標を立てることができれば、引っ張る力も強くなるし、目標達成が近づいてきたらその都度現状の外側へと意識を向け、現状の壁や天井を取っ払って新しい世界へと向かうことができます。

とくに理系の会社では理系のトップがそのような役目を果たすのに適しているのではないかなと思っています。

理系文系にかかわらず、トップは自分の会社がやっていることにもっとも精通しているべきだと思いますし、マネジメント面だけでなく、第一線で働いている人たちのこともある程度、理解しているべきだと思います。

理系の研究者がトップにいれば、理不尽な研究費の扱いもないですし、第一線の研究者自身もトップが理解してくれているという信頼感がありますからモチベーションも上がって、研究も進めやすくなるのではないかと思います。

温暖化の行き着く先は

温暖化についてもお話ししたいと思います。

温暖化のタイムリミットは、実はあと8年しかないんです（注：2022年時点）。ご存じの方も多いと思いますが、いま、地球全体で1年間に排出している二酸化炭素の総量330億トンを、2030年までに半分くらいまでに減らさないと温暖化の進行を止めることはできないと言われています。

地球の平均気温が産業革命以降1・5℃から2℃近くまで上昇すると、シベリアの永久凍土が急激に溶け出すことも予想されています。永久凍土の地下には天然ガスであるメタンが大量に溜まっていますが、このメタンガスは温室効果係数（温暖化の起こしやすさ）が二酸化炭素の約28倍も高いために、これが空気中に放出されると一気に温暖化が進むと考えられています。

さらにメタンガスは二酸化炭素と違って化学的に回収する手段がないため、いったん放出されれば打つ手がありません。このように、温暖化はいったん進行すれば様々な事象がドミノ倒しのように連鎖してしまって、後戻りできなくなる危険が指摘されています。

進行する温暖化への対策のひとつめに挙げられているのは、「適応策」と呼ばれる、温暖化に慣れてしまおうというものです。

たとえば南極やグリーンランドの氷が溶け、海面上昇が起こって南洋の島が水没する可能性が指摘されています。それを防ぐために護岸工事を行い、地表の嵩上げをしようという考え方です。あるいは、温暖化によって作物がとれなくなることに備えて、いまのうちに暑い地域でも栽培可能なように品種改良を行い、栽培を進めておく。ようするに、温暖化が進むことを前提として、それに適応した社会システムをつくろうというのです。

しかし、それでは人間は良くても人間以外の生物は温暖化に適応する術《すべ》を持ちませんし、生物が死滅してしまえば、結局人間の食糧や生活環境にも大きな影響が出ることは確実ですから、この「適応策」は消極的な手段と言わざるを得ません。

二つめが「緩和策」で、温暖化の影響をできる限り和らげようという考え方です。二酸化炭素を大量に排出する火力発電を止めて風力発電などの再生可能エネルギーに置き換えるというような手段です。

しかし、現実には緩和策だけでは温暖化の進行を食い止めることはできません。仮にいま、世界中の二酸化炭素の排出量を完全にゼロにしても、すでにこれまで大気中に出てしまった二酸化炭素がずっと後世まで影響しつづけ、温暖化を進行させてしまいます。

気温の上昇自体はある程度収まっていきますが、あるシミュレーションによると西暦3000年ごろまで海面上昇が続いていくと予測されています。桁違いのスケールで、温暖化が進行してしまうのです。

仮に2030年までに気温の上昇を産業革命以降1・5℃以下の範囲に収めようということでも、二酸化炭素の排出量は現在の半分以下に減らす必要があります。いま、世界中の電車や船、自動車、飛行機などの輸送機関をすべて止めたとしても、排出量は20パーセントしか減りません。さらに大学のキャンパスも、会社のオフィス、工場も、家以外の拠点はすべて閉鎖して、それでもせいぜい30パーセントの削減にとどまります。それくらい、社会活動のすべてを停止してやっと50パーセント減らせるというレベルなんです。

つまり、緩和策を選択しても、それだけでは温暖化を止めることはもはやできないんです。

そこで、究極まで緩和策を実行しつつ、取りうる最後の手段としていま、注目されているのが私の専門である気候工学です。

これは、化学の力で人工的に温暖化を止めてしまおうという取り組みなんです。

いまから30年ほど前の1991年、フィリピンのピナツボ火山が大噴火し、世界中に噴煙を降らせました。その噴煙によって太陽の光が遮られ、地球の平均気温はその年、0・5℃も下がったのです。そこに目をつけたある科学者が、人工的に雲をつくれば太陽光を遮り、地球を冷やすことができるのではないかと考えたのです。

消えにくい飛行機雲をつくる装置をつくり、それをあらゆる飛行機に搭載するように義務付けたり、成層圏に気球をあげて雲をつくれば、世界中の気温をある程度下げることができるという途方もないアイデアで、この方法を「太陽放射管理」と呼んでいます。ハーバード大学のデヴィッド・キース教授らが主導していました。

しかし残念ながら、この構想は結果的に頓挫してしまいました。２０１６年ころ一度だけ試そうとされたのですが、欧米圏から「神のつくった自然に人間が手を加えるとは何事か」という批判運動が起き、さらに科学者が大気中に毒を撒こうとしているというデマまでツイッターで拡散されてしまうなど、社会的な批判を浴びてしまったのです。

私自身はこの研究は進めるべきだと考えていたのですが、残念に思っています。

そうした現状で、科学者が最後の手段として考えているのが、空気中から二酸化炭素を直接吸収する「CO_2直接空気回収（ＤＡＣ）」なのです。私がつくったひやっしーも、この発想の延長線上にあります。

CO_2から燃料をつくる「そらりん計画」

私はこれまで、内閣府だけでなく、総務省や首相官邸などで研究に携わる機会がありましたが、国の政策決定に関わる人たちと話をして感じるのは、我々国民の顔色をよく見ているということです。国民が関心を持ち、支持していないことについては、なかなか大胆に「やろう」と言いにくいという雰囲気があるのです。

ですから、二酸化炭素の回収にしても、国民的にDACを導入しようというムードが盛り上がってこないと、政治家も官僚の人たちも大規模な予算をつけづらいということがあると思います。

私が、あえて従来の常識だと効率の悪い、世界でもっとも小さな、ペットのような二酸化炭素回収マシーンをつくろうと思ったのは、二酸化炭素回収について国民的な関心を高め、必要性を認識してもらいたい、意識を変えていきたいという思いからなのです。

そしてその先には、集めた二酸化炭素をそのままにせずに、新たな価値ある物質に変えていこうということまで見据えています。それが、二酸化炭素から燃料をつくる「そらりん計画」というもので、この燃料によって車や船、飛行機、ロケットも動かすことができます。たとえば実際に、CRRAで保有している船を、二酸化炭素由来の燃料を使って動かす航海試験を計画しています。

現時点では二酸化炭素由来の燃料を使っているわけではないんですが、宇宙の入り口である成層圏中層まで誰でも日帰りで行って帰ってこられる、「成層圏探査機もくもく計画」も立ち上げました。一般の飛行機の高度のだいたい3倍の高度20〜30キロの世界を目指し、将来的には探査機の推進剤に二酸化炭素由来の燃料を使うことを想定しています。

そして、その先に目指すのは火星です。

いま現在でも、ロケットの技術面からだけ言えばスペースX、テスラCEOのイーロン・

マスクさんが本気を出せば火星に人を送ることは簡単でしょう。しかし、行くだけならできても、片道9ヵ月かけて火星にまで到着しても、そこで燃料切れになってしまって地球に帰還することができないのです。

しかし我々CRRAの技術があれば、火星の二酸化炭素95パーセントの空気から二酸化炭素を吸収し、燃料をつくることができ、それによって、地球に帰還することができるのです。

また、石油に代わる燃料ができるということは、化学繊維をつくることもできますし、強化プラスチックの建材をつくることができるかもしれません。

肉を燃やせば炭素になりますが、逆に二酸化炭素の炭素の粒をつなげていけば肉にすることができるかもしれない。実際にいま、合成生物学の研究が進み、細胞培養からハンバーガーをつくることが可能になっています。現段階では一つ3000万円くらいの費用がかかるようですが、今後はどんどん安価になるでしょう。さらに、化学物質を混ぜ合わせて自発的に分裂する細胞をつくる研究をしている科学者もいます。

つまり、我々化学者は二酸化炭素をもとに有機物の液体をつくればいいということで、そこから衣類や、建材、食糧をつくることができるようになるかもしれません。地球上に生命が出現したそのプロセスを、化学の力でこの先、10年、20年、50年先に再現することができるようになるかもしれません。

ＣＲＲＡと、そして私が描いている未来は、地球温暖化を止め、80億人の人類を救うこと、大気から二酸化炭素を吸収してそこからありとあらゆる有機物を合成し、いま石油製品と呼ばれているものをすべて空気からつくる〝空気製品〟に置き換えていくこと、そして、私自身が人類初の火星人になって、火星を第二の故郷として人類を移住させ、地球の人口爆発を緩和することです。

はじめにポンと旗を立てる

こうした目標を「夢」と表現すると、どこか「叶わぬ目標」というニュアンスを含んでしまうように感じるので、私は夢という表現は使わず、「未来の歴史」と言っています。たとえば、西暦２０４５年に私が火星人になるということは、私だけが先に知っている未来の歴史です。

そのような形で未来に旗を立てていき、そこから逆算して1年、1ヵ月、1日単位で何が起こるか計算していけば、本来の「未来の歴史」上の今日の自分と、実際の自分の差がはっきり分かります。そこでタイムパラドックスが起きないように、毎日毎日、未来の歴史に沿うように行動に修正をかけていけばいいだけなんです。

ぶっ飛んだ未来の話をするときは、はじめ、根拠なくポンと旗を立てればいいと思うんです。そしてそこから逆算していけば、いまなにをすべきかが分かります。そう考えれば、むしろぶっ飛んだ未来を描いていくことはある意味「超」現実思考なんだという意識を持って取り組んでいます。

今後の究極の姿として、生活や経済のシステムに二酸化炭素回収が自然に溶け込んだ「二酸化炭素経済圏」を提唱しています。

コンビニでペットボトルの飲料一本を100円で買う際、ペットボトルをつくるのに必要なエネルギーや運搬に必要なエネルギーに相当する「二酸化炭素マイル」を同時に支払わないと買えないよ、とするんです。

資本主義の社会では資産を多く持つ人がたくさんのモノを買うことができますが、二酸化炭素経済圏では二酸化炭素を集めるほど二酸化炭素マイルを得られるので、二酸化炭素を直接自分の手で集めた人ほど、たくさんモノを買うことができるようになります。そうなると、二酸化炭素を集めることが通貨に代わる新たな「価値」になり、それによって得たマイルで買い物ができるようになるんです。実際にいま、ひやっしーのユーザーには回収した二酸化炭素の量に応じて「ひやっしーマイル」というベータ版の経済圏システムを提供し、一部のネットショッピングに利用できるようにしています。

個人でひやっしーを持てない人は、ひやっしーを使っているスーパーなどで購入したときにひやっしーマイルを受けとることができるようにします。そうなると、日常の「どのスーパーに行くか」という行動の選択のみによって簡単に、間接的に二酸化炭素経済圏に参加できるようになります。

二酸化炭素経済圏は日頃の自分の生活や行動によって二酸化炭素を集め、それを価値に変えることができます。その意味で、努力した人には応分の報奨があるという資本主義の良い面を維持しながら、取り残される人も少ないという仕組みになっていくのではないかと考えています。

そのようにして、いまの世の中のシステムを丸ごと変える必要があるのではないか、そう強く思っているのです。

〈2022年4月14日講演〉

第4講

起業という
ジョブキャリア、
生き方は
幸福度が高い

SHOWROOM株式会社　代表取締役社長

前田裕二

前田裕二（まえだ・ゆうじ）

1987年東京都生まれ。早稲田大学政治経済学部を卒業後、UBS証券株式会社に入社。2011年UBS Securities LLCに移りニューヨーク勤務を経た後、2013年に株式会社ディー・エヌ・エー入社。ライブ配信プラットフォーム「SHOWROOM」を立ち上げる。2015年に当該事業をスピンオフ、SHOWROOM株式会社を設立、代表取締役社長を務める。著書に『人生の勝算』、『メモの魔力 The Magic of Memos』（いずれも幻冬舎）など。

「まずやっちゃう」ことの大事さ

今回、僕が皆さんにお伝えできることはなにかと考えたとき、ほかの起業家の方と自分が違うポイントとして、リスクプロファイルがいい、リスクリターンの効率がとてもいい起業の仕方をしたということがあると思います。

今日お話しすることで、自分もぜひ起業したいと考えている人にヒントをお渡ししたいと思っていますし、いまのところ起業するかどうか分からないという人にも「そのリスクリターンだったらいけるかもしれない」と思ってもらいたいと考えています。

僕が大学生だったときには起業はまだ当たり前の選択肢ではなかったと思いますが、10年経って少しずつ変化してきていると感じます。東大生の皆さんは卒業後、コンサルティング会社に就職するのもいいし、銀行や商社、通信系など様々な進路があるなかで、起業もその選択肢の一つになってほしいという強い思いがあります。

起業という挑戦の総量が増えることが、日本社会全体にとってもとても大事なことなのではないかと思っているからです。仮に一度起業してみてうまくいかなくても、もう一度起業に挑戦するようなことが当たり前になってほしいという気持ちももちろんあります。

起業することはリスクリターンとしては結構良くて、お勧めですし、そのためのハードルの下げ方、具体的な立ち上げ方がどうだったかということをお話ししたいと思います。

僕も学生のとき、こうして大学で壇上に立って話している人を見ると距離を感じましたし、話していることの内容も、「あなただからできたんでしょう」という印象をどうしても持ってしまう。きちんと準備して、その分野に精通するようになってから立ち上げてみたいと考えてしまうんですね。しかし僕がお伝えしたいのは、起業に限らず、ＹｏｕＴｕｂｅの立ち上げでも、「まずやっちゃう」ということの価値がいかに大きいかということです。

実はいま振り返って考えると、僕が起業する前にプレゼンしたときの仮説は、ほとんど外れているんです。それを事業化していく過程でマーケットによって修正してもらったり不備な部分を削ってもらったりしながらなんとか事業として利益が出る状態に持っていったという経緯がありました。この点も、しばしば思い違いをされるところで、「最初から成功することが分かっていたんでしょ」というイメージを持たれがちなんですが、現実にはまったくそんなことはなかったんです。

もうひとつは、「まずやっちゃおう」という思いを共有することができれば、ぜひ皆さんと一緒に働いていければいいなと考えています。それは起業家としての皆さんでもいいし、ウチの会社に来ていただければそれはそれですごく嬉しいことでもあります。入社していただいてから、起業のチャンスを用意できればとも思っています。いずれにせよ、企業間の境目がどんどん溶けていっていて、いまのこの会社に生涯ずっといることはほとんどなくなり、より流動的で、自由な働き方になっていきます。プロジェクトごとに集まり、終われば解散という感じにすでになっていると思うんですが、どんな形であれ、皆さんと一緒に働く機会があればと思っています。

諸外国に比べ、日本の開業率や起業率が非常に低いことがよく指摘されていますが、僕自身の立ち上げの経緯をお伝えすることで、皆さんに「意外と大したことないんだ」と思ってもらって、試しにやってみようかなと考える人が増えればいいなと思っています。うまくリスク調整すれば、起業に失敗しても「人生終わり、詰み」みたいなことにはならないので、まずは目先で、実際に会社をつくってみようかなという方向に気持ちを向けていただいたら嬉しいなと思います。

幸福度の高い稼ぎ方

僕が起業に至った経緯については、すでにネットなどに書かれているのでご存じの方もいると思います。2012年の11月に中国のYY（現・JOYY）という会社がアメリカの証券市場ナスダックに上場したのを知って、生配信×ギフティングという領域で事業を創ろうと思い立ちました。

それ以来ずっとこの中国の会社に注目していたところ、2013年当時で確か売上高5

00億円程度、時価総額4000億~5000億円くらいかな、もの凄い勢いで伸びていて、その後2018年には1兆円くらい、すなわちZOZOTOWNを運営する株式会社ZOZOと同じくらいの規模に成長したんです。

生配信をしている人にギフトを投げ込むという、このビジネスモデルは、実は僕が小さいときにまさにやっていたことで、YYが上場して大きなビジネスになったことに悔しい思いがありました。僕は11歳のときに駅前でギターの弾き語りを始めて、手を替え品を替え様々なことをするなかで、思ったよりおカネをいただけるようになり、なかには目の前で泣き崩れながら1万円をくださる方もいて、いま振り返っても、あらゆるおカネの稼ぎ方のなかでかなり幸福度の高いやり方だったなと感じています。

今後、皆さんが実際に事業を創って起業し、顧客価値を高めようと思ったとき、ちゃんとお客さんの姿が見える位置にいるかどうか、あるいは本当にお客さんが心から喜んでくれている姿を目の当たりにできるかどうかというのはすごく大事なポイントになると思います。僕はやはり、11歳のころ、なんとか一人のお客さんを楽しませようと1週間懸命に練習して、その結果、1万円をいただいたことが人生ではじめて大きなおカネを稼いだ原体験として刻まれています。その後も色々な仕事を経験しましたが、直接お客さんを喜ばせて深く感動させることでおカネをいただけるのは素晴らしいことだなと思った経験がはじめにありました。

そのビジネスモデルが中国でうまくいっているのなら、日本でも同様にできるのではないかと考えたのが2013年です。

「課題ドリブン」と「解決策ドリブン」

僕は、事業のつくり方には二通りしかないと思っていて、ざっくりと「外か中か」と言っているんですが、ひとつは外を見て中をつくるというやり方です。いわゆる解決策ドリブンという方向性で、市場規模が大きくなってきているとか、そこにビジネスチャンスがあるから事業をつくるというパターンです。

僕はもともと投資銀行にいて、そこからDeNAに入社したんですが、自分のなかでは100個くらいのビジネスアイデアがあり、それを松竹梅のようにグレード分けしていました。そして、自分が資本を100パーセント持つわけではない「社内起業」という立ち上げ方なら、正直言って、梅くらいのアイデアでいいのかなと考えていたんです。梅というのはつまり、自分のなかで心底やりたいというわけではないけど、世の中的に盛り上がっているから、この市場であればユーザーアトラクションがとれて、理論的に事業として成立するはずだというものですね。これが外を見て事業をつくるパターンです。

ひと昔前の仮想通貨のマイニング、フィンテック、シェアリングエコノミー、いまだったらNFTとかメタバースとかそういったバズワードがあると思うんですが、多くの人がワッと集まってきている市場で立ち上げましょうという発想ですね。さらに言うと、VRとか、CGコーディングとか、自分の得意なところでノウハウを持っていて、そこで事業を立ち上げる。それが市場ドリブン、解決策ドリブンという考え方で、僕がDeNAに入って最初に立ち上げた事業はまさにこのパターンでした。

ところがそれがうまくいかなくて、ほとんど人が滞留しなかったので、これはクローズすることになりました。

その後はもう、梅とか竹とか言ってないで、自分のなかで一番やりたいこと、一番熱くなれることをやろうと。その頃に、ふっと、11歳の自分に投げ銭してくれたお客さんの顔が思い浮かびました。

クリエイターの世界や、エンタメの世界はいままで「幅」で測られていたと思うんです。視聴率が何パーセントとか、何枚のレコードが売れたとか。YouTubeも同じで、何万回再生されたかということで価値を決めています。もちろん一人の人が何回も再生することもあるんですが、基本的にはリーチ、つまりどのくらい横幅がとれたかという指標で見ているのです。

そうじゃなくて、たった一人の人にどれくらいの感動を与えることができたかという指標もあります。いまこの瞬間、あまり才能がなさそうに見えたり、現状の容姿はそれほどでもなかったり、年齢が高かったり、それほどたくさんのファンがいない人でも、一人、二人、三人のコアなファンが支えてあげることで次のステージに押し上げていくことができる。いまは制約があって這い上がっていけなくても、そうしたファンに押し上げてもらうことで世界に才能をアピールすることができるはずだという思いが、自分が弾き語りとか、バンドをやっているころから強くありましたし、こういう話であれば何時間でも、永遠に話していられるくらい好きなことでしたので、それで立ち上げたのがSHOWROOMなんです。

ですから、皆さんも「外を見て中」か、「中から見て外」か、そのどちらの立ち上げ方をするか、考えてみてください。僕のお勧めは後者の、内を見て事業をつくる、いわゆる「課題ドリブン」ですが、もちろん「外を見て中をつくる」解決策ドリブンも、否定されるものではけっしてありません。

ただ、事業を立ち上げると、ほとんどの人があらゆることで失敗をしまくることになります。5年とか、場合によっては10年間挑戦を続けるということを前提にすると、自分の人生のなかでもっとも大切にしていることとか、熱意を軸にしないと難しいのかなと思うのです。

Airbnbの創業者も、今月の1150ドルの家賃を払わなければいけないのに、口座に1000ドルしかなくて、どうしようというなかで、自分が不在の間はロフト部分を人に貸して宿泊代をもらう、というところから事業化をスタートしています。「払えない、どうしよう」という痛みから始まっているという要素が課題ドリブンということになります。

「自分は映像を撮るのが得意だから」という、解決策のほうから事業を始めた場合、映像を撮る技術にはいま非常に需要がありますから、稼ぐことはできると思いますが、どこかで市場のニーズとずれてしまう可能性があります。人の痛みと関係ないところで事業を立ち上げると、失敗してしまう確率が結構高くなります。

事業がうまくいくかどうかの分水嶺、分かれ目というのは、なにか壁にあたって「ダメだこれは」というときに、その壁をバーンとぶっ壊して前に進めるかどうかということに尽きるんです。自分のなかで、どんなに辛くてもこの壁を越える、上から越えられないなら横から越える方法を探すとか、壊すとか、どんなことをしても壁の向こう側に行ってやるという気持ちが必要なんですが、製品やサービスが売れなくて、事業がうまくいっていないと「もういいか」と投げやりになって絶対に壁を越えてやるという気持ちになれないんです。

ですから、自分のなかに「どうしてもその事業をやりたい」という種を見つけるのがいいのではないかと思います。こういった「課題ドリブン」「解決策ドリブン」という考え方は、『起業の科学』とか、『イシューからはじめよ』といった本にも詳しく解説されている

郵便はがき

料金受取人払郵便

小石川局承認

1116

差出有効期間
2024年9月9日
まで

112-8731

東京都文京区音羽二丁目
十二番二十一号

講談社
第一事業局企画部
ノンフィクション
編集チーム 行

★この本についてお気づきの点、ご感想などをお教え下さい。
(このハガキに記述していただく内容には、住所、氏名、年齢などの個人情報が含まれています。個人情報保護の観点から、ハガキは通常当出版部内のみで読ませていただきますが、この本の著者に回送することを許諾される場合は下記「許諾する」の欄を丸で囲んで下さい。

このハガキを著者に回送することを　許諾する　・　許諾しない)

TY 000077-2208

愛読者カード

今後の出版企画の参考にいたしたく存じます。ご記入のうえご投函ください（2024年9月9日までは切手不要です）。

お買い上げいただいた書籍の題名

a　ご住所　〒□□□-□□□□

b　お名前《ふりがな》

c　年齢（　　　）歳

d　性別　1 男性 2 女性

e　ご職業（複数可）　1 学生　2 教職員　3 公務員　4 会社員(事務系)　5 会社員(技術系)　6 エンジニア　7 会社役員　8 団体職員　9 団体役員　10 会社オーナー　11研究職　12 フリーランス　13 サービス業　14商工業　15自営業　16農林漁業　17主婦　18家事手伝い　19ボランティア　20 無職　21その他（　　　）

f　いつもご覧になるテレビ番組、ウェブサイト、ＳＮＳをお教えください。いくつでも。

g　最近おもしろかった本の書名をお教えください。いくつでも。

ので、目を通していただければと思います。

レイテンシーを極限まで減らす

僕自身の話に戻ると、はじめて手がけた起業アイデアはＤｅＮＡの南場智子《なんばともこ》会長（当時）や守安《もりやす》（功《いさお》社長、当時）さんにとても期待をしてもらいながら、大失敗に終わってしまいました。はじめは「梅」のアイデアで事業を立ち上げて、将来独立して事業の立ち上げをするときには「松」のアイデアでなんて考えていたんですけど、うまくいかなかった。

やっぱり自分が一番やりたいと思っている「生配信×ギフティング」のモデルでいこうと考えて、先行していた中国企業ＹＹの事例を調べることにしたんです。実際に中国のオフィスに見学に行って、写真も撮らせてもらったんですが、とにかく日本と違うと思ったのが、あるフロアにいるのが全員インフラエンジニアだったことです。

当時、僕たちには専任のインフラエンジニアはゼロで、ＤｅＮＡから月に０・５人くらいをお借りして事業を立ち上げようとしていたくらいでしたから、圧倒的な差がありました。なぜそんなにインフラエンジニアが必要なのか聞いたら、「中国のネットワークはすごくバギーなんです」と。状態のいいところと悪いところで、ばらつきがすごく大きい。配信する人と視聴する人の回線状況がまちまちだというんですね。

「それを平準化してシームレスに映像を届けることが自分たちの競争優位性なので、とにかくそこにリソース（経営資源）をかけているんです」という返事でした。

いまでは我々の会社にもすごいインフラエンジニアがいて、配信のラグが0・5秒程度と配信業界のなかでもっともレイテンシー（遅延）が少なくなっているんですが、そこまでインフラにこだわったのも、このYYを見学したときの経験からです。

当時の中国ですら、数百に及ぶライブ配信サービスがあるなかで、なぜYYが一歩、突き抜けることができたかという理由のひとつに、テクノロジー、インフラの優位性があると気づいたんです。実際に見て、肌で感じたのはこの部分でした。

実際の現場を見に行くことってつくづく大事だなと思いながら、帰りの飛行機で守安さんにプレゼンするための資料をつくりました。

YYに見学に行ったとき、そしてアジア圏のライブ配信サービスに詳しい方々と議論していたときに、多くの人がこのビジネスモデルのことを英語で「SHOWROOM」と言っていたんです。なるほど、部屋からショーを見せるということか、文字通りで分かりやすい、と思い、この単語を借りてプロジェクトのコードネームにしました。

2013年の11月、実際にサービスをローンチするときに、サービス名は「SHOWROOM」以外考えられなくなっていて、そのままこのプロジェクト名を使うことにしたんです。

リリースまでのスピード感としてもかなり速くて、8月にPC版の開発を始め、9月にiOS版の開発を始め、11月にスタートしました。開発のはじめに僕がホワイトボードに書いたコンセプトは、視聴者がサービス上でセカンドアイデンティティ、バーチャルアイデンティティを感じられるような場にならないと、エンゲージメント関連の数値、つまりコメントの数とか滞在時間とか、ギフティングの回数、量などが伸びていかないということでした。

テレビやAbemaTVは受け身視聴型のサービスですが、SHOWROOMは受け身ではダメで、視聴者がその場にいるように錯覚してもらう必要があります。VRの世界でよくプレゼンスという言葉を使いますが、SHOWROOMでも、自分があたかもその空間にいると錯覚する状態にすぐ飛び乗ることができるようにしたい、それをVRほどコストをかけずにやりたいということが最初の構想でした。

いろいろ失敗はしましたが、なんとか立ち上がったというのが正直なところです。最初の立ち上げはわずか3人、正確に言うと2・5人で、開発系はCTOのエンジニアがほぼ一人でやってくれました。

このころのことを考えると本当に恥ずかしくなるんですが、それでもなんとか立ち上げることができたんです。ですから、皆さんにも自信を持ってもらいたいというか、「この程度でもいいんだ」という感覚を持ってもらいたいと思っています。

社内起業のメリット、デメリット

いま、事業を始めた2013年8月に僕が書いた資料を見返してみると、「努力で才能が報われる社会をつくりたい」とか、「このサービスによって埋もれている才能を世の中に出していきたい」とか、そういった理念の部分はいまも、本当に1ミリも、1グラムも変わっていません。あらためてこの資料を見てみて、それには感動しますね。

だけど、どうやったらそれを実現できるのかという事業仮説の部分は驚くほど変わっています。ですから、先ほど申し上げた「中を見るか、外を見るか」という話にもつながるんですが、起業を計画している皆さんも、「この痛みをどうしても解決したい」とか、「ここが許せない」「自分はここに怒っている」ということが根っこにあれば、それはできる限り変わらないで持ちつづけるのがいいと思います。理想を言えば、事業の立ち上げから終わりまで、事業家が死ぬまで変わらないほうがいいと僕は思っています。

いわゆるミッション・ビジョン・バリューと言いますが、会社にはビジョンが必要だとか、ミッションが重要だとよく言われます。それがあることで、意思決定で迷うことがあっても、ぶれることが少なくなります。「この指止まれ」とそのビジョンを示すことによって、同じような価値観を持つ仲間たちが集まってきます。

結局、会社にとって一番の資産は人であり、同じような価値観を持つ人たちと一緒に戦えることで、そういう人たちを集めるためのコストを最小化することがとても重要です。

ミッション、ビジョンはつくろうと思ってつくるのではなくて、自分が本当にやりたいことに紐づいていないと嘘になってしまいます。そこはなるべく嘘がないように、自分の内面と向き合って出てくるものでなければいけないと思います。

ではその後にどうやってそれを収益化していくかという段階では、十中八九最初に立てた仮説とずれていくので、変にプライドを持たずにそれをどんどん変えていけるということも重要です。

多くの人が、いま自分はこういう解決策を持っているから、こういう事業を立ち上げますとなりがちですが、それがそもそも多くの人に必要とされるイシューでなかったら意味のないことになってしまう。事業を立ち上げまくった僕が一番感じるのはそのことです。

そのサービスが誰かを感動させるとか、誰かにとって必要だとか、誰かの生活の癒やしになるというところから始まってほしい。


僕はDeNAで社内起業という形で事業を立ち上げ、外に会社分割して自分もおカネを入れて株を持つようになるという段取りを経ましたので、普通の起業の仕方とは違います。社内起業にはいい面も、悪い面もあると思いますので、その点についてお話ししたいと思います。

ひとつ、端的に言うと、社内起業の場合は「今日は誰がトイレ掃除をやるんだ」とか、そういうことを考えなくていいということはあります。

ウチのCTOはもともと別のベンチャーにいたんですが、その会社のときの話を聞くと、トイレが汚れてきて、誰が掃除をするんだ、お前の番だ、ということで社内がすごく険悪な雰囲気になったというんです。しかも、それで会社を辞める人まで出たというんです。信じられますか？　トイレ掃除を誰がするかということと、顧客価値やサービス向上とはまったく関係ないじゃないですか。ほかにも、コピー機はどこからレンタルすると安いとか、文房具はアスクルで買ったほうがいいとか、そうやって少しでも原価を削る戦いをしていかなければいけない。

それに対して、社内起業であればコピー機は使わせてもらえるし、トイレ掃除もやってもらえるから、揉めることはありません。オフィスが汚れても掃除してくれる方がいます。自分でも少しそこに甘えていた部分があるかなと思うんです。ですから、社内起業で良かったなと思う点は、どうやったら自分のサービスを使っている人が幸せになるかを考えることだけに集中していけたということです。

ただ、起業した会社のオーナーシップの問題があるので、それをどうやって調整するかということがあります。

僕がいま前提としているのは、起業するというジョブキャリア、生き方は本当に楽しい、幸福度が高いということです。起業をやりつづけるという楽しさを、多くの人に知ってもらいたいという気持ちがあります。

知り合いに、YouTubeで集客して別のところでマネタイズして、半年で一人で7億から8億円売り上げた人がいるんですが、彼にどういうモチベーションでやっているのか聞いたら、「早く、20代で仕事しなくていい状態になりたいんです」と言っていました。そういうライフプランもそれはそれですごいことで、本当に尊いと思うのです。

ですから、自分の能力をそのまま当てはめることで利益や売り上げをとれることがたまにあって、それはそれで素晴らしいことだと思っています。10億円の売り上げ、1億円の粗利が出る事業をつくって、それを数年で売却できればという立ち上げ方もなくはないと思うんです。小難しいイシューから始めようとか、課題から始めて解決策をとまで考えなくても、うまくいく可能性はあります。

事業アイデアを立てるための8項目

僕は事業のアイデアを考えるのが非常に得意で、これまでに100個くらい考えたと申し上げたんですが、どうやって考えるかのヒントを少しお話しすると、先ほど申し上げたようにイシュー、課題から考えるとやりやすいということがあります。なにか自分が困っていることとか、周りの友だちが悩んでいることを片っ端から書きまくるだけで、それなりに起業アイデアに仕立てることができます。

先ほどお話ししたように、家賃を払わなければいけないけどおカネがないというところからスタートしたのがＡｉｒｂｎｂだし、アプリをつくりたいけど自分では行動できない人を助けるのがノーコードですよね。いまならたとえば、ＹｏｕＴｕｂｅｒをやりたいけど動画編集できないという人が有名人にもたくさんいるので、そうした有名人向けに動画編集を非常に安価に、もしくは無料でやってあげて、その代わりレベニューシェアの３割をください、原価はかかりませんというビジネスなら、やりたい人はたくさんいると思うんです。

二つめは、本来遠くにあるものを掛け算するというやり方も、アイデアを生み出しやすい発想法のひとつです。たとえば、Ｕｂｅｒみたいなひとつの要素があって、なんとか版のＵｂｅｒみたいな形で、別の要素を掛け算していく。

たとえば芸人版のＵｂｅｒとか。

いま、新型コロナウイルス感染の自粛期間が終わって、外食する人が増えていますが、久々の会食で話をするのが緊張するとか、盛り上がらなかったらどうしようという心配があるかもしれない。そういうときに、芸人版のＵｂｅｒを利用するわけです。とあるお笑い事務所には6000人ほどの芸人さんが所属しているそうですが、そのすべての人が人気があって売れているわけではない。一説にはそのうちトップ100程度しか「芸のお仕事だけで食べられる」状況にないとも言う。でも、そういう人でも当然一般人よりユーモアがあって、ボクらより面白いわけです。

そういう人たちをUberで呼んだら来てくれて、愉快な30分が過ごせるかもしれない。それで芸人さんにおカネを払うというマッチングビジネスができればいいという発想です。いまパッと考えて話していますけど、これが遠いものを掛け算するやり方ですね。

三つめとして、当たり前を疑うということがあります。たとえば、雨が降ったら傘をさすのが当たり前でしょうとみんな思ってるけど、傘って江戸時代からずっとこの形で変わっていない。本当にそれでいいのかということを考えている起業家もいるんです。傘をさすのではなくて、ドローンを傘にして歩くと勝手についてくる、そういうことを考えているんです。技術的にはまだまだで自分がドローンの下に入らなければいけないくらいのレベルなんですが、それでも素晴らしいなと思うのは「当たり前」を疑っていることです。

傘を持つことは当たり前で、ふつうそれを疑うことはないですが、その人は「民間のロケットで宇宙に行ける時代に、傘だけはまだ江戸時代のまま、それってどうなの」と考えている。その感覚が僕にはとても起業家的だと思えるんです。

この三つの発想法のうち、どれかで考えていけば必ずアイデアは出てきます。誰でもアイデアが出ると言われるくらいで、あとはその事業アイデアにどれくらい自分の中にある熱が呼応するかということだけなんです。

アイデアを出す方法として、こうすればいいという9項目の型（「オズボーンのチェックリスト」）を挙げておきます。頭文字をとって「ダサく似たオチかい」と言っているんですけど。

ダ　代理　人工輸血

サ　逆さに　リバーシブル　あえて倒す

く　組み合わせ　消しゴム付きペン

似　似たもの　こうもりレーダー

た　他の使い道　レンガ　かわら

オ　大きくしたら　大きい人用服

チ　小さくしたら　薄いカメラとか

か　変える　本の表紙を変えるとか

い　入れ替える　言葉を入れ替えるとか

3000円のプレゼント

日本の社会には、失敗してはいけない、間違ってはいけないという空気感がすごくあると感じていて、たとえば新しいアプリを発表しても、全然イケてないとすぐに炎上してしまうことが多いと思います。でも、そもそもアプリをつくる人は完璧ではないですし、もっと大事なことはアプリは車のように完璧な状態にして市場に出すものではないということなんです。はじめから答えは分からないので、出してみてから市場にさまざま削ってもらって洗練されていき、成功確率が上がっていくものなので、まず失敗しないと成功しないという前提があるんです。

ですから、僕は、もっともっと失敗しやすい空気に変えていきたいと思っています。どういうことかというと、能力が高くてモチベーションのある人がとりあえず大企業に入社するということではなくて、大企業は利益が厚くてリスクを取れるわけですから、新規事業に1億円ではなくて10億円張ってみましょうとか、そう主張できるような、社内で大騒ぎできる人材になってほしいし、みんなが失敗を恐れずにゼロイチでどんどん会社を立ち上げていって、世の中に失敗が溢れている状況になれば、失敗して恥ずかしいなんて感覚はなくなるんじゃないかと思っています。

政府のデジタル庁の方たちとも意見交換する機会があるんですが、僕たちが当たり前に持っているノウハウが、政府の方にとっては当たり前じゃないということもあります。そのあたりを、互いにもっとすり合わせることができればと最近強く思っています。大企業と中小企業、ベンチャーとの関係も同じで、やはりどうしても壁を感じることがあるので、互いに強みを掛け算していくことができれば、もっと新しく、面白いものがたくさん生まれるのではないかと感じます。

ですから、皆さんにも政府だとか、民間とか、大企業だとか、ベンチャーとかあまり関係なく、個人として生きてほしいと思っていて、一人ひとりが組織や立場に関係なく、強い個になってほしいということをお伝えしたいと思います。

もう一つ、好きなことを熱中してやることが仕事になる社会になるといいなと思います。子どもが一人の個として熱中していることを、親が制止しなければいけないのはやはり悲しいですよね。先日、甥っ子の6歳の誕生日に「プレゼント何がほしい?」と聞いたら、その答えが、「(オンラインゲームの)フォートナイトに課金したい」だったんです。それにとても衝撃を受けたんですが、僕の姉に当たる、彼の母親は、「全然いいじゃん」という反応でした。

額としては3000円でした。なんらかの倫理的な判断があってその額になったのだと思うんですが、誕生日に一番欲しいものがフォートナイトの課金で、それを認めるという雰囲気が素晴らしいなと思ったんです。もちろんオンラインゲームのダウンサイドにも目を向ける必要はあるんですが、そういった子どもたちの興味がそのまま仕事になる社会になればいいなと思います。10歳になる前くらいからメタバースについての知見を積み上げてきた子どもたちは、それが将来大きな価値になって花開くのではないかと思いますし、それを生かしてあげられる社会になればと思います。

当たり前の漢字ドリルとか、問題集ばかりやらなくてもいい世界にしたい。もちろん漢字ドリルが必要なときもあると思いますし、ベースとして漢字の勉強は必要ですが、それによって好きなことをする時間が邪魔されてしまうという歪みを直していけたらいいなと考えているんです。

もう一点、ずっとお話ししていることですが、好きなことばかりやったり、熱中しても、全然稼げないとか、ファンが増えていかないという現状を変えて、頑張る人が正しく頑張れば報われる社会にしたいという思いがあります。

僕たちのような、事業をつくって起業しようという大人たちが、次の世界に向けてシステムづくりをしていく、そんな循環型の世界になったら素敵だなと思うんです。

「ビジョン」がなくてもいい

皆さんからいただいた質問で、いま流行のビジネスやマーケットに対して自分自身がなんのスキルもモチベーションもない場合はどうするべきかというものがありました。

実は僕も、これについてぜひお話ししたいと思っていたんですが、僕の周りにも、そのビジネスがとくに好きなわけじゃなかったけど、この波に乗ったほうがいいという判断でやっているうちに、徐々に「自分は元々、こういうことが好きだったんだ」と気づくという人が結構いるんです。

先ほど、「中から始める」という話をしましたが、絶対に中から始めなければということでもなくて、まずはいまできることから始めて、だんだんに自分の元々のモチベーションに気づくということがあるんです。

人類初の有人飛行に成功したライト兄弟は、そもそも最初から飛行機の発明家であったわけではありません。最初は印刷機を作って新聞を発行して販売したり、その後はオリジナルの自転車を作るなどして稼いでいました。そこへ、飛行機の研究者が操縦試験の最中に失敗して墜落死したというニュースが入ってきた。ふつうならそこで「危ないな」「物騒だな」と思うだけなんですが、彼らはそのニュースを聞いて、「自分たちならやれる」と考えたわけですよね。飛行機を作ってもっと儲けてやるぞ、と。

ですから、まずは事業を立ち上げてみて、「このビジネスモデルうまくいくかな」と試行錯誤していくなかで、お客さんがこういうふうに喜んでくれるということを学びながら、その過程で「中」が育っていくということはよくあるんです。

「原体験」とか「ビジョン」がないという相談を受けることもあります。大人はよく「原体験」とか「ビジョン」を聞いてきて、それがない人を卑下《ひげ》する「ビジョハラ」をやりがちなんです。その流れを変えたいなと思っています。

僕自身、ビジョンを聞かれるのがすごく怖いというタイプでもあるので、だからこそ僕が発信したほうがいいと思っていて、ビジョンなんていらない、という事業の立ち上げ方もあるんです。

まずは自分の内側からのモチベーションでなにかできないかじっくり考えて、それがなかったら外側からの発想で考えればいいと思います。そのどちらの選択肢でも、儲かるやり方はいくらでもあるんです。

結局、ウィルとかビジョンとか夢、志ってなにから出てくるかというと、自分のできることからなんです。

いまメジャーリーグで活躍する選手でも、野球を始めた瞬間からメジャーリーガーになろうと思っていたわけではないと思うんです。やっているうちに、バッターやると君パワーが凄くて打つとよく飛ぶね、とか、ピッチャーやると凄いボールが真ん中に来るねとか、両方とも上手にできるなんて凄いね、とか、原始的な段階で、そういったことで褒められているはずなんです。そこで、なるほど自分って結構悪くないんだな、と自信を持つ。そういう、できることから始まって、その延長で、だったらオレは世界一の野球選手になれるかもしれないという夢を持つケースのほうが多いと思うんです。

それを事業でいえば、「自分にはこういう解決策がある」とか、市場性から始めて、その後にだんだん「中」ができてくるということもあると思うんです。

ですから、僕は「中」からスタートすることをお勧めはしていますが、それが向いていない人もいるので、向いてないなと思ったら即座に「外」発のアプローチをしてみたほうがむしろいいと思います。「外」で儲けるビジネスモデルはいくらでもあるので、それを探してみてもらえばいい。そのとき、皆さんができることに紐づけていったり、世の中で必要とされていること、痛みに紐づけるという順番でいいと思います。

自分で稼いだ1円の感動

おそらく、今日いらっしゃる皆さんのなかから今後たくさんの事業家が出ると思うので、将来、皆さんが立ち上げた事業と僕のやっていることがどこかで道が交わって、もっと大きなシナジーが生まれるような、掛け算になるといいなと思います。

僕はやはり、まったくのゼロからイチの売り上げが立ったときの感動が忘れられなくて、実際に最初に立った1円の売り上げには感動して鳥肌が立ちました。僕は元々投資銀行で機関投資家に保険や投資信託商品の営業をしていたんですが、最初からお客さんを割り当てられていて、設計開拓をする必要もなかったですし、自社のアナリストの企業分析を伝えるだけで、それなりに評価をもらえたんです。

だけどやっぱり、自分でつくったサービスに1円の売り上げが立つほうがずっと感動するし、嬉しかったですね。ですから仮にもしいま、ある巨大企業の社長に突然なってくれないかと言われても、いまほどに興味が持てるかどうかは分からない、自分の命を削ってその仕事をすることができるのかは分からない、と思います。

それと、失敗を突きつけられて、それをすぐ受け入れられるマインドセットもとても大事です。僕たちも最初のビジネスモデルから大きく変化しましたが、こうなったら失敗という定義が自分のなかできちんとできていて、これは絶対に成功するサービスなので大丈夫だとリーダーが言っている、という状態を続けることが大事だと思っているんです。プライドの低いところと高いところをうまく共存させているというか。

それまでのやり方をピボットするとき、どうしても心が折れるんですが、これは自分が本当にやりたいことだからとか、イチから始めたことだと、ピボットするときもまたイチから資金を調達したり、頑張ることができます。

一方で、自分の仮説は全部間違っていた、やり方が違っていたので事業を閉じます、ボクは優秀じゃないのでと言ってやめる人がたくさんいる。その違いは大きいと思います。

起業という幸福

起業して良かったと思うことはありすぎて、一つに絞れないですね。

嫌なことが10、いいことが1くらいの割合ではあるんですが、10のうちの1のいいことは、自分のサービスのおかげで人生が変わった人がいるとか、明らかに豊かになった人がいるのを目の当たりにする瞬間があるんです。配信者もそうですし、ユーザーの声にも毎日目を通していまして、「このコンテンツがあるから、今日一日がんばれた」というメッセージを目にすると、人の喜びとか、新たな人生とか、自分の夢がそういうところに繋がっていることが分かって、やっていて良かったなと思います。

5年間、毎日休まず配信している方がいて、YouTubeの登録者数が50万人を超えてテレビに出るようになる。なかなか言葉では伝わらないですが、涙が出てくるほど嬉しいことです。自分が関わっている世界で、少しでも人の幸せを増やすことができたかなと感じられる瞬間ですね。

もちろん、売り上げ5兆円の大企業の代表になってもそれを感じることはできると思いますが、僕じゃない誰がやっても5兆円の売り上げを立てることができるかもしれない。ゼロからイチを生み出すのは、自分の感性やセンス、世界観をかなり入れ込んでいるので、自分でなければできなかったという気持ちでやっているんです。

毎日辛いか辛くないかと問われれば、それは辛いです。毎日心からウキウキ、ワクワクしているというわけではないですし。

僕自身はおそらく、今後仮にメチャクチャ稼いだとしてもずっと事業を立ち上げつづけ、起業を続けると思いますし、誰かの痛みに寄り添うとか、痛みを解決することをやりつづけたいと思っていて、それにみんなが少しでも共鳴してくれれば嬉しいなと思っています。

起業という不可能性の高い営みの先に、「このサービスで人生が変わりました」という人たちと触れ合う瞬間があって、そのときはもう、言葉にできないほどの幸福感があります。

だからやめられないんだと思うんです。

〈2021年10月14日講演〉

第5講

成長市場・アフリカで徹底して顧客ニーズを探る

WASSHA株式会社　代表取締役CEO
秋田智司

秋田智司（あきた・さとし）

1981年生まれ。拓殖大学国際開発学部卒業。早稲田大学大学院商学研究科修士課程修了。2002年からタンザニアで村落開発を支援するNGOのメンバーとして現地小学校での教育支援事業を推進。

2006年IBMビジネスコンサルティングサービス入社。新規事業構築、IT戦略策定、業務変革支援に従事する傍ら、企業の途上国ビジネスを支援するNPO法人soketの立ち上げに参画。soketの顧客であった東京大学阿部力也特任教授（当時）と共に株式会社デジタルグリッド（現・WASSHA株式会社）を創業、代表取締役CEO。

ケニア未電化地域での発見

私が代表を務めるWASSHA（ワッシャー）という会社は、Unlock humankind's limitation＝「人類の〈できない〉を〈できる〉に変える」をビジョンとして掲げています。開発途上国と呼ばれる国に住む人々が日々の生活で直面する様々な制約から解放されて、誰もが「自分たちも現状を変えることができる」と思ってもらえるような世界をつくることを目標としています。

それを実現するためにPower to the people＝「ビジネスを通じて社会問題を解決して、人々をエンパワーする」を会社のミッション、果たすべき使命として定めています。2013年の創業以来ずっと会社紹介の表紙にはこのミッションを記載しています。

具体的なビジネスとしては、アフリカの未電化地域にて、村々にある小さな雑貨店にソーラーパネルを置き、そこで充電したLEDのランタンを、現地の方々に一日単位でレンタルする事業を展開しています。

現在、世界には約10億人の未電化人口がいて、そのおよそ半数、5億5000万人がアフリカに集中しています。彼らは、夜は灯油ランプで灯りをとっています。村には小さな雑貨店があって、そこで日用品を買うのですが、我々はその店主にエージェントになってもらい、村に住む人たちに灯油ランプと同じ価格で、20倍明るいLEDランタンを貸し出しています。現在は東アフリカのタンザニア、ウガンダ、モザンビークの3ヵ国でこの事業を展開し、提携しているエージェントの数は5000を超えています。

この事業を始めるきっかけになったのは、東京大学工学部の阿部力也《あべりきや》特任教授（当時）が開発したデジタルグリッドという技術の事業化検討でした。電力をパケット化して、一定の電力を送受電する技術として開発されたもので、この技術を利用してケニア、タンザニアで事業を始められないかと考えたのです。

この技術を前提にビジネスプランを練り、ケニアとタンザニアの電力会社や携帯電話会社に事業案を提案しました。ときには直接社長にプレゼンする機会を得たこともあったのですが、結果的にはどこにも興味を示してもらえませんでした。

まさに机上の空論で、日本で考えたビジネスモデルが現地の方々のニーズや思考回路、優先度とフィットしなかったのだと思います。

それで意気消沈して帰国したのですが、帰国後に、ケニアの電力会社の方からメールをいただきました。あるビジネスアイディアがあるけれど、自分たちで事業化するのは難しい。君たちなら実現できるのではないか、という内容でした。そのアイディアを説明したいから、もう一度ケニアに来てほしいと言われ、「行きます」と即答しました。

そこで連れて行かれたのが、ケニアの未電化村でした。道路は未舗装で、藁でできた家、ヤギなどの家畜を飼って生活している村でした。電線は届いておらず、電気はまったくありません。

メールをくれたケニアの方は、「ここに私の考えたビジネスのパイロットサイトがあります」と言って小型のロッカーのような施設に案内してくれました。ロッカーの上にはソーラーパネルが取り付けられ、中に収められたLEDのランタンを充電していました。

「このランタンを村の人たちにレンタルしている。これを事業化しないか」

と言うのです。これは儲からなさそうな話だな――それが正直な第一印象でした。こんな薄利多売ビジネスで、うまくいくわけがないじゃないか、そう思ったのです。

しかし、どういうビジネスモデルなのか説明を受けていると、驚いたことに、周辺にどんどん人が集まってきて、いつの間にか人だかりになっていました。

そこで村の人たちに話を聞くと、家に電線を引くのはお金がかかりすぎて難しいこと、最低限のニーズとして夜の灯りと携帯電話を充電するだけの電力が必要なことや、定期的に決まったお金を払うのは難しいためにローンでソーラーパネルを購入することも難しいこと、レンタルならお金があるときにだけ気軽に使うことができて便利だ、といった話を聞いていくうちに、徐々に「これをちゃんと仕組み化して、事業としてアフリカに広く展開できたら世界が少し良くなるんじゃないか」と思ったのです。

２０１３年の5月でした。それが私たちのスタートラインです。

「起業します」と言って退職

私は早稲田大学の大学院を2006年に卒業して、IBMビジネスコンサルティングサービスという会社に就職しました。数年後に日本IBMに統合され、あわせて5年間お世話になりました。その間、コンサルタントとして、お客様企業の新規事業開発や、全社IT戦略策定支援などのプロジェクトを経験しました。

その一方で、学生時代からずっとアフリカに興味があり、大学2年生のときにはじめてNGOのワークキャンプでタンザニアを訪れて以来、いつかアフリカで起業したいという思いを持っていました。

IBM時代に社内結婚し、子どもを授かった後にも、その思いはずっと頭の片隅にあって、アフリカでのビジネスに関するリサーチを続けていました。それを妻に話し、子どもが小学校に上がるまでの間、チャレンジさせてほしいとお願いして会社を辞めました。退職メールには「起業します」と書いたので、多くの同僚から「応援する」「頑張れ」と励ましの返信をいただきました。

しかし、退職してすぐに起業アイディアの調査のためある国に行ったところ、統計データやデスクトップ調査の結果と、現実の状況が全然違っているということが分かって、温めていた事業アイディアをすぐに断念したんです。どうしようかと悩んでいるときに、知人から「短期間だけコンサルティングのプロジェクトを手伝えないか」と声をかけてもらい、結局、フリーランスのコンサルタントとして2年ほど過ごすことになりました。

妻は仕事を続けていたのですが、私は何の仕事もなく、主夫として掃除・洗濯、スーパーへの買い物、子どもの保育園の送迎や晩ごはんをつくったりする期間も数ヵ月ありました。

その後、コンサルタントとしてアジア数ヵ国のスタートアップに投資をするファンドの設立支援などをさせていただき、あるとき友人を介して、東京大学の阿部先生と面識ができ、先生が研究されていたデジタルグリッド技術を事業化したいという依頼をいただき東京大学とのプロジェクトが始まりました。

先生の発明された技術を理解するのは大変でした。何時間もかけて基礎知識からレクチャーしていただきました。「文系出身なので」とこぼしたら「文系と理系で区別していてはこれからの世界で闘っていけない、自分をカテゴライズせず、理解できるまできちんと勉強しよう」と先生に諭されたことを覚えています。必死に勉強して、デジタルグリッド技術のどこがどうすごいのか、これが社会に普及すると世の中がどう変わるのかといったことを説明できるくらいまでは理解できるようになりました。

阿部先生から、何らかの形で技術の社会実装をしたいという依頼をいただき、私がもともとアフリカが好きだったこともあり、先生を無理やりケニア、タンザニアにお連れして事業機会を探ることになりました。しかし、はじめに構想していたアイディアが現地で受け入れられず、LEDランタンのレンタルに方向転換したのです。

LEDランタンというブレイクスルー

アフリカという市場の成長性については、皆さんも耳にしたことがあると思います。アフリカ市場で展開している日系のスタートアップはまだごく少ないのですが、我々の会社はそのなかでは最大規模の資金調達をしています。

現在の株主は、経営陣に加えて東京大学エッジキャピタルパートナーズ、孫泰蔵さん率いるMistletoe Japan、みずほキャピタル、事業会社として丸紅、ダイキン工業、ヤマハ発動機、電源開発、政府系組織から国際協力機構（JICA）、日本政策投資銀行（DBJ）の合計9社です。

アフリカは2100年まで人口が増えつづける唯一の地域と言われています。2100年には世界の人口109億人のうち35パーセントをサブサハラ・アフリカの人口が占めるとも予測されていて、今後アフリカの存在感が高まっていくのは確実です。

また、アフリカ市場は、先進国でも未実装の最新技術を取り入れることによる劇的な生活変化が生まれる可能性があるマーケットだと思っています。

さらに、テクノロジー主導の経済成長・社会変革みたいなものがすでに起きています。たとえばモバイルマネーと呼ばれる携帯電話を使った電子マネーのサービスは、スマホが普及する以前、２００７年からすでに始まっていて、現状、アフリカでは銀行口座を持つ人よりも、モバイルマネーのアカウントを持つ人のほうが多いほどです。

輸血用の血液や医薬品をドローンで配送するサービスもアフリカから始まっています。欧米だけでなく中国、インドのスタートアップが巨額の資金を調達して参入し、巨大テック企業もどんどん市場に参入してきています。

にもかかわらず、日本企業の存在感は非常に小さい。そこになんとか、日の丸スタートアップとしてくさびを打ち込みたいと考え、事業を行っています。

アフリカの抱える課題は、やはり電力アクセスです。都市部の電化は進んでいるのですが、地方はまだまだ遅れていて、過去20年を見ても未電化人口は横ばいです。広い土地に人口が点在しているので、発電所をつくって電線を引いて各家庭に電気を届ける、という既存のアプローチでは電力アクセスの改善が難しいのです。地方の家計所得が低すぎて、電化の初期投資を回収できないため、電線を引くというアプローチはそもそも不可能だと言われています。

そのため、ソーラーパネルなどの分散電源の導入が進んではいるのですが、貧困層にはまだ手が届きません。そういった方たちの電化ニーズは大きく分けてふたつ、一つは「ライティング」、つまり灯りをつけること、もうひとつは「チャージング」、携帯電話の充電です。モバイルマネーが普及し、携帯電話は社会インフラの一部なので携帯電話の電池があることが非常に重要です。LEDランタンは、その両方のニーズに応える最初のテクノロジーです。

電気がないのになぜ携帯電話が普及しているのか不思議に思われる方もいるかもしれません。地方の未電化地域であっても各地に基地局が建ち、モバイルネットワークはある程度普及しています。私たちが展開している東アフリカの各国では通信網のカバー率は9割以上で、携帯電話を購入しさえすれば、どこにいても使用できる状況です。

現地の人が携帯電話を手に入れると、充電する設備があるところまで1時間くらいかけて歩いて充電して帰ってくるとか、村の人の携帯電話を何個も集めてリュックに詰め込んでバイクで充電施設まで出かけて行き、充電して帰ってくるというサービスが存在しています。そういう環境の村で、灯りと携帯充電が可能なLEDランタンを一日単位でレンタルできるというサービスを提供すると皆さんに使っていただけるのです。また、一部の地域では漁業用のLEDランタンも提供しています。これは夜間の漁で、灯りをつけることで魚を集めて漁獲量を増やすもので、多くの漁業従事者の方に利用いただいています。

技術的なところでは、ランタンの返却を管理するために、ハードウェアとソフトウェアの開発も行っています。ランタン本体には電池がフル充電の状態でもスイッチが点かないようにスイッチをロックするプログラムが入っており、現地のユーザーがモバイルマネーでお金を払うことでランタンのロックを解除するパスコードを自動送信され、それを入力することでランタンが一定時間だけ使える仕組みになっています。複数のエージェントの支払い状況、ランタンの稼働状況などを遠隔管理するダッシュボードなども自社開発し、これらを駆使してより多くの方にサービスを利用してもらう施策を検討しています。

最初は秋葉原で部品を買ってきて、阿部先生の研究室の皆さんに協力してもらいながら数ヵ月かけてハードウェアの試作機をつくり、できたものを私が預かってケニアに飛んで、現地での動作確認を行うところから始めました。実際にお客様に使ってもらい、使用感を確かめ、使い勝手の悪いところがどこか、具体的な意見を聞いていきました。「そもそもお前の言っていること自体が分からない」というところから始まり、様々なフィードバックをもらったのですが、それを拙《つたな》い英語でコミュニケーションしながら聞き取って、日本に戻ってエンジニアの方々に伝えるという作業を繰り返しました。

とにかく現地を理解する

ここまでの当社の歩みを振り返ってみると、2013年にスタートしてまずケニアで3店舗のパイロット店舗から始め、翌年には11店舗まで増えました。この2年間は、モノをつくっては試す、プロトタイピングの期間でした。

このフェーズでフォーカスしたいと思っていたのは、顧客理解と製品開発の二つです。ソフトとハードの開発に力点をおき、同時にお客様をお客様以上に深く理解して、そのニーズに応えていくというプロセスでした。

私自身も家族で現地に引っ越し、当時採用したメンバーらもみんなでケニアに引っ越して、週の半分は未電化地域に入って実際にお客様の自宅に泊まらせてもらったりして、お客様の日々の生活を理解しようと努めました。サービスを利用いただける方も、そうでない方も、とにかく色々な方と話をしました。「これを食べたら絶対にお腹を壊すな」というものでも一緒に食べたり、野外にゴザを敷いて寝たり、ゴキブリがたくさんいる水浴び場で体を洗ったり、とにかく、現地の方々と一緒に過ごすことを大事にしました。

育った環境や宗教、食べるものなど文化背景がすべて違っているので、一つひとつ写真を撮ったり、メモを残したりしていきました。なにか観察して見つけた事象について、なぜそれが起きるのかといった背景や、その国や地域の歴史を学び、仮説を立てながら検証していく。お客様がこういう行動をするのはこういう理由があるからではないかと考えて、それを確かめていくプロセスです。

それと並行して、日本でハードウェア、ソフトウェアの開発を進めました。ソフトウェアは日々改良していくことができますが、ハードウェアの開発は時間もかかり、お金もかかります。着想を得てから設計、試作、量産試作、量産と1年以上の時間を要し、途中で後戻りができないため、様々な機能を念のためにと詰め込むと、どんどんコストが高くなってしまいます。私たちの事業はアフリカの低所得者が対象なので、開発費用と開発期間を減らすために、余計な機能を削ぎ落としていく作業を繰り返しました。プロダクト開発ではまず最低限必要な機能の製品をつくってから、さらに機能を追加していくアプローチが多いのですが、我々の場合は、とにかく機能を減らしていくというアプローチで、引けるものはすべて引いていきました。

ソフトウェアの開発についても、まずお客様のリテラシーや、スマートフォンの操作スキル自体が日本の常識とは違っています。私たちがスマホに文字入力する際には画面上にパソコンと同じキーボード配列の文字盤が表示されるのが普通ですが、未電化地域のお客様の中にはそもそもパソコンを使った経験がない方もいて、ＡＢＣが順番に並んでいないキーボード配列での入力に苦戦している方も多くいました。はじめは様々なデータを入手するアプリを開発していたのですが、データの入力に時間がかかり、お客様を待たせてしまい、売り上げにも悪影響が出ていたことから、検証途中でアプリを使わない運用に変更しました。

様々な努力もむなしく、ケニアではあまりお客様を獲得できず、うまくいかなかったためタンザニアに向かうことにしました。そこでトライアルをやった結果、市場環境がケニアとまったく異なり、1年間で150店舗まで増やすことに成功しました。

しかしその後、1年間は早期に拡大させようとして焦ってしまい、つまずいてしまいました。業務の標準化を徹底し、効率的なやり方で市場を開拓していこうと考えていたのですが、急拡大すると業務の適切なフォローができなくなり、結果的には、店舗数は拡大したのに売り上げは思うほど伸びず、非効率な業務でコストが膨らむことになってしまいました。

その後、2年間は業務改善に取り組む期間になりました。はじめから2年間かけようと思っていたわけではなく結果的にかかってしまったのですが、社内も文化背景の違う多様なメンバーが入り、組織が複雑化してきて、文書だけでは伝わらないことが多くなり、会社のビジョンやミッション、バリューが浸透しきらず、フィードバックの精度が高まらないということが起きました。

こういった点を解消するためにコミュニケーション量を増やし、業務を図解したり、といった工夫をしました。また、一人のマネジャーの下に数十人のスタッフがいるような組織構成を改め、一人がマネジメントするのは6人までと決めて会社をピラミッド構造にし、在庫管理や営業開拓のスタッフを適正な水準の報酬で採用して改善していきました。放っておくと階層化して複雑化してしまう組織や業務をシンプルにして効率化を図る作業は現在も続けています。

複数の国で事業を展開しているため、法律や制度、カルチャーギャップをメンテナンスしながら組織と事業を大きくしていくことにも苦労してきました。特にリモート環境で急激にメンバーを増やすと統制がとれなくなります。そもそもコミュニケーションをとるのが難しいのに、多様なバックグラウンドを持つ人が相手の価値観を理解しようとせずに、自分の価値観で意見を主張してしまうと、異なる価値観同士で批判や攻撃が起こってしまい組織が崩壊してしまいます。成長フェーズで採用は不可欠ですが、急ぎすぎると組織全体の機能不全に繋がり、成長を阻害する要因にもなることをこのとき学びました。

メンバー数が多くなると、権限委譲をしていく必要が出てきます。権限委譲だけしてそのままにしておくと、なにも情報が上がってこなくなってしまうことがあります。ある時期、あまり頻繁に確認したら嫌がられるかなと遠慮してしまったことがあったのですが、そのせいで問題の把握が遅れて迅速な対応がとれなくなってしまい、より大きな問題を引き起こしてしまいました。やはり必要なことは確認すべきです。権限委譲する際には報告してほしい内容やチェックさせてほしい事項も事前に決めて伝えることが大事です。

このような各種施策がうまくいって、業務効率が上がり、売り上げも向上しました。その結果一店舗あたりの収益性が目標数値を超え、2019年以降は拡大フェーズに入ってきました。

秋田智司

様子見するな、いますぐ始めろ

アントレプレナーシップとは、そもそも何でしょうか。私には、ある投資家の定義がとてもしっくりきました。

「アントレプレナーシップとは、誰からも頼まれていないのに、何かを成し遂げなければいけないと自分で思い込み、それを実現するために率先して動くこと」

私自身、誰から頼まれたわけでもないのに、勝手に人生を懸けてアフリカで社会課題を解決するビジネスをつくりたい、と思い、この会社を起業しました。結果として、色々な方が共感してくれて、仲間になってくれました。

また、起業するにあたっては、理（ストラテジー）、心（マインドセット・パッション）、運（ラック）はそれぞれ1対4対5くらいの比率でビジネスに影響を与えているといいます。結局、会社をマネジメントしていくうえでストラテジーも大事ですが、その何倍も情熱や、運が必要です。運は自分の努力でなんとかできない部分が多いので、重要になるのは心＝パッション（情熱）ではないかと思うのです。

毎年のように大変なことがありながら、私がここまでなんとか心が折れずに事業を続けてこられたのも、やはり気持ちの部分が大きかったと感じています。

２０１６年に東京大学エッジキャピタルに推薦いただき、スタンフォード大学から生まれた起業家のコミュニティ、ＳｔａｒｔＸのメンバーになりました。ここでアメリカのスタートアップ業界の著名な方々とお話しする機会があり、そのなかでもっとも印象に残っているのもやはりパッションに関するものでした。たとえば、

「自分はまだ準備ができていない、いまじゃない、と言って様子見をする人がいるが、熱意があるなら、いますぐ始めるべきだ」

そういった話を多くの方がしていました。

ＩＢＭ時代に外部の講師の方に伺った話も、起業を考えるきっかけのひとつになりました。

「日本のビジネスパーソンはｈａｖｅ・ｄｏ・ｂｅの順番で考える。つまり、自分がスキルや経験を獲得（ｈａｖｅ）し、そのスキルを使って行動（ｄｏ）することでなりたい自分になれる（ｂｅ）と考えがちである。しかし、実際はその逆で、ｂｅ・ｄｏ・ｈａｖｅの順番で考えることが重要。まずは始める、何者かになる（ｂｅ）、とにかく始めてみると。日々やらなければいけないことが山積し必死にそれに取り組む（ｄｏ）、行動していくなかで、気づくといつの間にか経験やスキルが自分のものになっている（ｈａｖｅ）。

スキルを身につけてから挑戦しようと考えてしまうと、いつまでたっても始められず、そのまま人生が終わってしまう。人生は短いので、何かなりたいものがある人は、まずなってみることです」

私はいまだに、この言葉が真理だと思っています。自分自身、起業する準備も十分ではなかったし、グローバル展開する企業のCEOとしての能力もまだまだ十分ではないと思っていますが、それでもやっていくなかで身につくこと、失敗から学んでいくことが多々あると思っています。起業を考えている方は、心に留めておいていただきたい言葉です。

StartXのメンターでもあるリンクトイン創業者のリード・ホフマンはこう言っています。

「If you are not embarrassed by the first version of your product, you've launched too late.（最初のプロダクトを出して恥ずかしいと感じないのなら、あなたのローンチは遅すぎる）」

十分な準備ができるまで待つのではなく、まず何かやってみる、プロダクトをローンチしてみることが大事だと思います。

私が知っているアフリカ各国、インド、中国、米国の起業家も、名門大学のMBA出身の人がロジカルに考えて事業を展開しているというより、自分の好きなことでとにかく始めてしまったらいろんな人が応援し、ついてきてくれたというパターンのほうが多いように感じています。結局モノを言うのは粘り強さとか、諦めの悪さとか、そういう要素ではないでしょうか。

「人は化ける」

挑戦はしても、致命傷は避けるということも大事です。

プレモータル・シンキングと言われますが、未来に起こりうる失敗を自分なりに想像してそれに備えて準備することと、常にオプションを持つ、つまり「とる手段がこれしかない」という状態にならないようにすることは常に心がけています。たとえば、この投資家からの出資を得られないと会社が潰れてしまう、という状態にならないようにすることが重要です。

それから、ヒト、モノ、カネという三つの要素のなかで、レバレッジするなら「人にレバレッジする」ということを大事にしています。我々の株主であるダイキン工業の井上礼《いのうえのり》之《ゆき》会長は、ある著書で「お金や製品が化けることはないが、人は短期間で化ける」と仰っていました。私もその通りだと思います。

今後の事業展開ですが、2021年9月末の段階でタンザニア全国に4592店舗を展開していて、まだ導入の余地はあるのでこれをさらに伸ばしていき、タンザニアの北にあるウガンダ、南にあるモザンビークそれぞれに展開していきたいと考えています。2023年には、コンゴ民主共和国、ナイジェリアにも進出します。

さらにこれを加速させるために関西電力さんに導入費用の一部を負担していただき、レベニューをシェアする業務提携を発表しました。ダイキン、ヤマハ発動機とは共同での新規事業の開発を進めています。とくにダイキンとは、まだ仮説検証の段階ですが、世界初のエアコンのサブスク事業を展開するジョイントベンチャーを、タンザニアで設立しました。

もちろんLEDランタンの事業は、今後アフリカを中心にもっともっと拡大していきたいと考えていますし、市場としてその余地は十分あると考えています。

〈2021年10月21日講演〉

第6講

UXの視点がなければどんなビジネスもうまくいかない

株式会社ビービット　執行役員CCO兼東アジア営業責任者

藤井保文

藤井保文（ふじい・やすふみ）

東京大学大学院修了。上海・台北・東京を拠点に活動。国内外のUX思想を探究し、実践者として企業・政府へのアドバイザリーに取り組む。AIやスマートシティ、メディアや文化の専門家とも意見を交わし、人と社会の新しい在り方を模索し続けている。

著作『アフターデジタル』シリーズ（日経BP）は累計22万部。最新作『ジャーニーシフト　デジタル社会を生き抜く前提条件』では、東南アジアのOMO、地方創生、Web3など最新事例を紐解き、アフターデジタル以降の「提供価値」の変質について解説している。

ニュースレター「AFTER DIGITAL Inspiration Letter」では、UXやビジネス、マーケティング、カルチャーの最新情報を発信中。

https://www.bebit.co.jp/blog/all/newsletter/

『アフターデジタル』から『ジャーニーシフト』へ

ビービットの藤井と申します。今日のテーマとして、UX視点という言葉を掲げています。

何かサービスをつくるとか、事業を創る、会社を興すなど、ビジネスについて考えるとき、私は大きく三つの構造で考えています。

それは、ビジネス、テクノロジー、そしてユーザーの三つです。

いま、世の中にあるものの多くが、技術ドリブン、ビジネスドリブンで考えられているように感じています。たとえばスマートシティのようなものを構想し、こういうデータを使ってこういうテクノロジーを使ってということが語られる一方で、それがユーザーにとってどういう経験につながり、価値になるのか、その点がいっさい語られない、または本当に使ってもらえる気がしない、ということがあります。

ユーザーエクスペリエンス（UX）の視点がなければ、どんなビジネスもうまくいかないと思いますし、逆に、UXの視点で眺めることであらゆるビジネスの成功要因が見えてきます。今日はそのことを強調してお伝えできればと思います。

私がいるビービットという会社は、まさにUXを20年以上にわたって手掛けている老舗で、企業様に対してユーザーはこういう状況に置かれていますよとか、こういう体験やサービスをつくって価値を生みましょうとか、未来の顧客体験としてこういう大きな絵を描きましょうといったコンサルティングをしています。もう一つの柱はＳａａＳ（ソフトウェア・アズ・ア・サービス）で、ＵＸの企画力、プランニングする力を底上げできるようなクラウドサービス「ＵＳＥＲＧＲＡＭ」を展開しています。

わが社のオフィスは東京と台北と上海にありまして、私はその３ヵ所すべてを経験し、いまは上海オフィス所属で実際に中国に住んでいます。

アメリカの情報については英語ですから読みやすく、世の中にも広く露出している一方で、中国の情報は表層的な部分しか知られていなかったり、現地のリアルな生活のイメージもあまりないように思います。

中国と日本とでは人口も10倍以上違いますし、法規制もまったく違うのでなかなか同じ尺度では語れません。直近は政治の不安定さもありますが、それでも、中国での事例から学べることはかなり多いと思います。

私が書いた『アフターデジタル』（日経ＢＰ）というシリーズは、デジタルで何かをすることを目的とするのではなく、新しいＵＸの提供を目的とするべきということを書いている本です。最近は、アフターデジタルを進化させたコンセプトである『ジャーニーシフト　デジタル社会を生き抜く前提条件』（２０２２年、日経ＢＰ）という書籍も執筆しています。

アフターデジタル概論

ＡＩによって処理速度がアップした、ＳＮＳで誰でも容易に発信ができるようになった、誰でもＥＣサイトをつくることができるようになって売り手と買い手の境がなくなった、など様々な変化が指摘されていますが、ことビジネスの観点で言うと、デジタル「浸透」社会の到来こそが一番大きな変化ではないか、ということが私の仮説になります。

具体的に言いますと、モノを買う、食事をとる、移動するなどいままでオフラインで行われていた行動がどんどんオンライン化してきています。日用品の買い物もアプリで支払い、タクシー配車アプリを使って車を呼び、Ｇｏｏｇｌｅマップを使いながら移動し、ＱＲコードを読み取ったスマホで食事を注文する、などリアルの場であってもオンラインが浸透しています。これまでは、どんな食事を注文していたかなど履歴が残ることはありませんでしたが、Ｕｂｅｒなどのフードデリバリーを利用すれば過去にどんな食事をとったか、どのように移動したかなどのデータがオンラインに蓄積されるようになってきていきます。

私が住んでいる上海だと、２０１６年ころにはすでに現金の使用率が3パーセントを切って、街中の自動販売機で飲み物を買おうと思っても現金を入れるところがなかったり、お店で「現金でいいですか」と聞くと「いいけど、お釣りがないから隣から借りてくる」

なっています。

と言って店員がいなくなってしまったりするくらい、日常生活で現金を使うことが少なくなっています。

日本でUber Eatsを依頼すると300~500円くらいのデリバリーフィーをとられますが、中国ではそれが100円くらいと安いこともあって、多くの人が2食に一度フードデリバリーを利用するくらいの頻度です。

今後、日本でもオフラインだった行動が次々にオンライン化し、生活がデジタルデータ化して、個人のIDに基づいてあらゆる行動データが超膨大に、超高頻度で出てくる時代になってきています。

北欧でも、東南アジアでも、アメリカでもこれを利活用できるかどうかで企業の生き死にが決まるということが同様に起きていて、日本でもこの2年間ほどでそれが一気に進み、目に見えるようになってくると考えています。

私はそういった状況を踏まえて、「アフターデジタル」というコンセプトを提示しています。

日本企業では、どうしてもリアルな世界を中心に考えてしまうところがあって、デジタルは付加価値、おまけと捉えてしまう傾向があると思います。イメージとしては、いつもお店に来てくれる顧客がいて、ごくたまにアプリを使ってくれたり、ウェブを見てくれるというくらいの意識ですが、今後、オフラインのリアルという世界はどんどんなくなっていきます。

言うなれば「SNSやアプリを通して顧客と日常的に接することができるのが当たり前で、その顧客がごくたまにリアルの店舗に来てくれる」という状態です。世の中はもうどんどんそんな状態になってきているので、視点を変える必要があります。

そうしたお話をすると、「リアルはやっぱり重要だ」と言われる方もいます。そういう方には「もちろん、リアルはひきつづき重要です」とお答えしています。実際リアルはとても重要で、むしろ役割を変えながらこれまで以上に重要になると思っています。

フードデリバリーを頻繁に利用しているとリアルのレストランに行く頻度が減り、Netflixや Huluばかり見ていると映画館に行く回数も減っていきますが、その代わりいざレストランに行き、映画館に足を運ぶときは美味しいだけではなく見栄えもいい素晴らしい食事体験をしたいとか、大音響、大画面の映画館でIMAXで迫力を体感したいとか、より特別なものを求めるようになります。

頻度が減る分、重要度は上がって、よりリアルが大事という考え方になっていくのです。「アフターデジタル」という考え方は社会の変化の話ですので、ビジネスとか、起業などの論点ではあまりこの言葉は使わないようにしています。「アフターデジタル」の社会でビジネスにおいてどんなことが重要になるかというと、「属性データから行動データの時代になる」とお話ししています。

属性というのは、英語でデモグラフィックといいますが、性別や年齢、年収、住んでいるところなど固定化したデータです。

ただ、渋谷区に住んでいる30代の男性で、このくらいの年収の人はみな同じ行動をすると言われたら違和感があるように、人間は属性的かと言われると必ずしもそうではないと感じると思います。少し概念的ですが、同じ人間でもビジネスモードのとき、運動しているとき、家族といるとき、音楽を聴いているときなどによってモードが違いますので、それぞれの集合体と捉えるほうが正しいのかもしれません。

これまで、商品を企画するときや市場規模を考えるときに属性をベースに考えたり、A、B、Cという属性に対してそれぞれの商品を割り振ってターゲッティングするようなことをしていました。しかし、属性ベースのビジネスの問題点は、ランニングしている最中にいきなり「これ、あなたが欲しがっていたビジネス書です」と手渡されるようなもので、どれだけ自分の属性に合っていてもいまはいらないということが起こります。

一方で行動データがあれば、ビジネスにおいて壁に当たっているときにビジネス書を提供するとか、走っているときにランニングフォームについてのアドバイスをもらえたり、落ち込んでいるときに励ましの言葉をもらえたりという形で最適なタイミングで最適な価値を提供できるようになります。そこがポイントだと思います。

ビジネスにおいて顧客の理解は非常に重要で、顧客がどんな状況に置かれているかが分かれば、提供できる価値も当然変わります。それが時間単位、状況単位の解像度でできるようになっているということがとても大きなポイントです。違うモードのときには違うサービスを提供するということができるようになるので、大量の行動データが出てきたとき、顧客理解も価値提供のあり方も大きく変わるようになると思っています。

車を例にとると、5年に一度車を売るという関係性の場合、顧客との接点は5年に一度しかありません。逆に、コンビニのようにほぼ毎日接点がある業種でも、ある人が毎日だいたい午後4時半に来てバナナとコーヒーを買うということが分かったとしても、できることはせいぜい追加でクッキーを勧めてみようとか、関連するクーポンを送るというようなことくらいです。つまり、製品をつくって売るという販売完結型のゴール設定だと、価値提供にどうしても限界があるんです。

悩みごとや困りごとなど、ＵＸ用語で言うところのペインポイント、もしくは賢くなりたいとか、健康になりたいなどそのユーザーが置かれている状況にできるだけ寄り添って、高頻度に接点を持ってサービスやソリューションを提供できるようになることが重要です。企業競争の焦点が「モノをつくって売る」という製品販売型から、体験提供型、つまりお客さんと付き合いながら関係性を構築していく方向へ、変化していくということなのです。

そうなると、世の中の産業構造はかなり変わってきます。

日本の株式市場では依然としてトヨタ自動車が時価総額1位にいるように、メーカーがとても強いという市場性があります。金融はまた別のロジックかもしれませんが、いったんメーカーについてお話ししますと、これまでのロジックでは、良い製品を高効率で造れて、なるべく広く流通させることができるのがいい企業でした。しかし、いま世界の時価総額ランキング上位の企業を見たとき、GAFAはじめ、アリババにせよ、テンセントにせよ、自社で工場を持ってモノをつくる企業ではないですね。行動データベースの産業構造、産業ヒエラルキーに変わってしまっているということだと思います。

できるだけ多くの行動データを持って、人の置かれている状況をできる限り細かく理解できている企業がランキングの上位に来ている。中国企業の場合、アリペイやWeChatといったサービスを提供する、おもに決済プラットフォーマーです。

アリペイは、アリババというECの会社がやっているペイメントで、テンセントのWeChatはLINEのようなコミュニケーションツールで、そこにペイメント機能がついています。

モノを買うときも、食事をとるときも、移動のときも、必ず支払いが発生しますから、ペイメントを押さえればいろいろな業界に水平に入っていくことができますし、ペイメントのデータからはその人の購買特性そのものが分かる。購買特性と好みはほぼ同じですし、支払い能力まで分かるので、質の高いデータと言えます。

その下に来るのがサービス系で、それぞれの業界に分かれた垂直のプレーヤーです。移動業界、飲食業界、娯楽、そのなかでもさらに映画や音楽に分かれています。ここでもやはり、圧倒的なアクティブユーザー数と圧倒的なUXを抱えている企業が非常に強くなっていきます。

一番下に来るのがメーカーで、プラットフォーマーやサービサーから提供されるデータがないと市場の状況を細かく認識できないので、精緻な市場理解に基づいた開発ができなかったり、モノを売ろうと思ってもプラットフォーマーの力を借りないと難しいという構造になっています。

その結果、プラットフォーマーがますます殿様化して、メーカーがその下請けにならざるを得ないという構造があり得ます。

日本でも、LINEとヤフーが経営統合したり、PayPayが100億円投資してペイメントのマーケットを取りに行くというニュースがありました。一番上の、プラットフォーマーのレイヤーを取れれば「勝ち」なので、そこを取りに行っているわけです。

もちろんトヨタも4〜5年前から、「我々は車づくりのメーカーでなく、モビリティのプラットフォーマーになる」と言いはじめて、トヨタウォレットのような仕組みをつくって上のレイヤーに向かおうとしています。

中国ほど上下の格差は激しくなってはいませんが、日本でも同じような動きがあるということなのです。

一方、アメリカのGAFAが何をしているかといいますと、コンピュータのOSを押さえてしまっていたり、行動のハブになる検索を押さえたりすることによって人の行動を把握しているので、やはり同様のことが言えると思います。

中国でDiDiが勝ち残った理由

ここまで、行動データが重要になっていて、産業ヒエラルキーも行動データをベースに書き換えられているということをお話ししました。行動データは、実際に取りに行こうとするとなかなか得にくいということがあります。皆さんも、アプリをダウンロードしたけれど、あまり面白くないから使わなくなったということがあると思いますが、体験品質・ユーザーエクスペリエンスがその状態、状況にあっているかどうかで大きな差がつきます。便利で、楽で、使いやすいという体験品質ができてはじめて行動データが溜まってくるということです。

データといっても、それをそのまま売ることではほとんどビジネスにはなりません。エクスペリエンスに還元することで、他社よりも良いサービスにしていくことができます。

一人一人にパーソナライズすることももちろんですし、かなりの数がこんな機能を欲していそうだという情報があればそれによってサービスや機能を磨きぬくことで他社の追随を許さない一人勝ちの状況になっていきます。

つまり、質の良いUXで顧客の利用率を高め、それによってデータが溜まって、さらにUXを磨いて、という好循環のサイクルを回すことができるかどうかが、アフターデジタルの時代に非常に重要なポイントです。

中国企業の話をもうひとつしてみたいと思います。DiDiというタクシー配車アプリがありまして、Uberと同じようなサービスですが、私はUberよりDiDiのほうが優れているのではないかと思っています。

Uberの場合はユーザーがドライバーを評価する、ユーザーボイスベースですが、中国でこれをやると、5元払うからオレに5点の評価をつけてくれ、みたいな賄賂が発生するのです。そうなるとこの評価システムは成り立たなくなります。

そこでDiDiでは、まず給与体系をレベル1、レベル2、レベル3と分けています。ドライバーはいまより上の給与体系になるためには、スコアを上げる必要があります。80点に到達したら試験を受けて給与レベルが上がり、90点に到達したらさらに上のレベルに行くための試験を受けることができるようになります。

DiDiでは、ドライバーは運転中必ず専用アプリを開いているよう要求されます。それによって、目的地まで遠回りしていないか、急発進、急停車の回数はどうかを把握しています。アプリによってGPSやジャイロセンサーが起動し、行動データをとることができるようになっています。また、ユーザーから急な乗車場所変更の指示があった際にきちんと返信しているかどうかもチェックされ、スコアリングに反映されます。

スコアはもちろんドライバー本人にも公開されているので、スコアを上げ、上のランクの給与体系に行くために運転技術やサービスを改善するようになります。結果として、タクシーを利用するユーザーの体験の質が向上するというわけです。

この仕組みを取り入れることができたのはＤｉＤｉだけで、これによって中国国内で他社の追随を許さない、唯一と言っていいほどのタクシーアプリになっています。また、ドライバーの働き方や人間性のようなことまである程度分かるようになってきますので、スコアの高い人は有利な条件でローンを組むようなことが可能になります。


そのほかに中国の平安保険という会社があります。保険商品や医療サービスのほか、金融商品や、投資家向けのサービスもあるなど、多様かつ複合的に展開しています。たとえば車のような物理的な商品の場合には新しい商品を企画して市場に出すまでに２〜３年かかってしまいますが、保険のような商品であれば、ユーザーエクスペリエンスを向上させ、大量の行動データを得て、ＵＸを磨くというループを回すのがもっと速くて、簡単です。

一方、自動車メーカーでもテスラの場合はソフトウェアで運転の体験を一定程度変えていけるという仕組みを取り入れているので、同じプロセスをある程度速く回せるということがあると思います。

ここまでをまとめますと、モバイルデバイスやIoTの一般化によってデジタルとリアルの融合の時代が来ますので、そうなると大量の行動データが得られるようになり、それによって顧客理解の解像度が高まってより豊かな価値提供ができるようになります。ただ製品を売るだけではとれるデータも不十分ですし、十分な価値提供もできませんから、体験提供型のサービスに変える必要があります。

UXの良いサービスに人が集まって行動データが溜まり、それによってさらにUXが改善されるというループが、アフターデジタル時代の競争原理になります。

世界トップレベルから見たUX領域

私自身は、自分の特性をふたつ挙げろと言われたら、おそらくUXフィールドにいることと、台湾、中国のような海外（中華圏）で働いていることだと思っています。先ほど例に挙げたDiDiのように、中華圏でどのようなUXがやられているか、UXドリブンのビジネスがどれだけ成長しているかといったことを主な領域としています。

2021年の5月にビービットでL&UX（Liberty&UX）2021というイベントを行い、日本と海外のUXを重視するビジネスリーダーを中心に本当にたくさんの方にご参加いただきました。ここからは、そのときの参加者のご発言の一部を紹介していきたいと思います。それによって、いまビジネス界がどのくらいUXを重視しているかをご理解いただけると思います。

ＩＧＰＩ（経営共創基盤）グループ会長の冨山和彦さんは、ＪＡＬの再生とか、ダイエーの企業再生を手掛けたことで非常に有名な方で、『コーポレート・トランスフォーメーション　日本の会社をつくり変える』（文藝春秋）という本を書かれ、『両利きの経営』というビジネス書の解説もされています。

その冨山さんが仰っていたのは、製造業は非常に分かりやすい、フィジカルなものが目に見える地上戦なので、兵站《へいたん》をつなぎ、補給路をつくって、どうやって兵士を運んでどこに陣地を張るかということを考えれば良かった。つまり、サプライチェーンを組み、製造から流通、販売ルートという、ロジスティクスを整備することで良かったけど、デジタルになるとそれはまったく関係なく、価値がもっと概念的なものになるので、日本企業がなかなかそこについていけていないというのです。ビジネスにおける戦いの中心が製品ではなく、ＵＸに変わってしまっていて、戦い方そのものが変化しているというお話をされていました。

ヤフーやＰａｙＰａｙなどを傘下に持つＺホールディングスの川邊《かわべ》健太郎《けんたろう》社長は、ＵＸの品質を担保する重要性が上がっていると仰っていました。ヤフーとＬＩＮＥが統合して、いままで以上にサービスの数が増えているわけですが、Zホールディングスという企業がどういう体験を紡いでいけばいいのか、ユーザーにとってどんな存在になればいいのか、そこが重要になると。

様々なサービスがあるなかでUXの品質がまちまちだと、それだけで弱みになってしまうので、UXを統合的に見ていく人や組織を置けるかどうかが課題になってくると指摘されていました。

UI（ユーザーインターフェース）、UXとか、UXデザインというと画面上の話というイメージを持たれる方が多いかもしれません。私も10年くらい前にコンサルタントの仕事を始めたときは、ウェブサイトを2000くらい見て、それぞれのいいところを書きだしていたくらい、UIが好きだし、UIが非常に大事だと思っている人間です。しかし、いくらインターフェースが良くてもサービスの価値そのものが低かったり、使われる局面がきちんと考えられていなかったりしたら、やはりあまり使われなくなってしまいます。どういう価値を提供するのか、どういうビジョン、世界観を掲げるか、そこで設定した価値、世界観にあわせて、どのように顧客の行動、フローを押さえていくのか、そしてそこからどう体験を紡いでいくのか考える必要があります。

ですから、かなり上流のビジネスの根幹の部分から考えていく必要があるのです。

30年以上前、1990年にUXという言葉を発案したドナルド・ノーマンはApple

でＵＸアーキテクトとして働いていた人物で、ＵＸ設計士としてＡｐｐｌｅの拡大に非常に寄与した功労者です。彼自身もＵＸが単にデザインの話だとか、細かいインターフェースの話だとしばしば誤解されて困るということを言っています。

ＰＣインターネットのころは、昔ながらのポータルサイトとか、検索サイトなど、ＰＣの中だけがＵＸで、それを離れたらユーザーエクスペリエンスが切れてしまうという時代でした。

モバイルの時代になって、常にモバイル端末を使うようになると、利用シーンは非常に多岐にわたってきます。ＤｉＤｉのようなタクシー配車アプリでは乗車中やタクシーが来るのを待つ時間も含めてユーザーエクスペリエンスということになってきます。ＤｉＤｉのＵＸデザインのトップが話していたのは、ＵＸの質を担保しようとすると、もはやデザインだけの問題ではなくて、マーケティング担当、ドライバーとのコミュニケーション担当、アプリの担当、Ｗｅｂサイトの担当など全員がＵＸを頭に入れて、顧客との接点をより良いものにしていくことを考えていかないとサービスが成り立たないということでした。

そういう意味で、もうＤｉＤｉにはＵＸデザイナーという専門職はいなくて、全員、ＵＸができる人しか雇っていない、というのです。

ＤｉＤｉのように、顧客がどんなペインポイントを抱えているか分かったうえでサービスをつくることが当たり前になっている企業は、そこまでいくんだなと強く感じました。

不完全なまま挑戦する

フィンランドに、MaaS Globalという会社があります。ＭａａＳはモビリティ・アズ・ア・サービスの略で、まさにサービスとしての移動、移動そのものをサービス化するという考え方です。ＤｉＤｉ、Ｕｂｅｒもそのひとつですし、世界中で様々な形でこうしたビジネスが広がってきています。

このＭａａＳという概念を考えたのがフィンランドのサンポ・ヒエタネンさん（MaaS Global ＣＥＯ）という方で、２０１４年のことでした。ヒエタネンさんが始めたＷｈｉｍは世界ではじめて事業化に成功したＭａａＳのサービスと言われています。

もはやオフラインではほとんどのサービスはやり尽くされていて、新たなイノベーションを起こす余地はなくなりつつあります。最近の動きを見ていると、タクシー配車アプリ、ペイメント、フードデリバリーなどほとんどのイノベーションはオンラインとオフラインの融合から生まれているように思います。Ａｉｒｂｎｂのような民泊でも、すべてデジタルとリアルの融合です。

とはいえ、オンラインとオフラインの両方に強い会社というのは多くありませんので、Ａｍａｚｏｎが高級食品スーパーのホールフーズ・マーケットを買収したように、オフラインのケイパビリティを上げようとするような動きが見られます。オフラインでは、レストランや商店、地権者や行政など、様々なステークホルダーが関わってきます。リアルな場所で営業していることに対する規制もありますので、一企業の力だけでイノベーションを起こすことはかなり難しくなっています。

ヒエタネンさんは、自分の会社がどうなるかよりも、社会がどうなっていくか、生活がどう変わるかという、多くの人が共通に持てる目標を中心に据えることが重要になっているという話をされ、「ジョイントビジョン」と表現されていました。みんなが共通に抱えている課題に対して、協力して一緒に作っていけるようなビジョンの掲げ方が必要になっていると話していました。

Code For Japanは日本のシビックテックを牽引する存在で、行政に対して市民からの発信でより新しいサービスを作っていこうと、非営利団体として活動されています。代表の関治之《せきはるゆき》さんはご本人がテックギークのプログラマーということを自任されていて、いまだにご自身で普通にプログラムを書いている方です。

関さんは以前は様々な行政の場にいらっしゃいました。そのときには、使えるデータがたくさんあるんだからもっと共有しないともったいないと主張しても誰も動いてくれなかったというのです。行政の人たちにテクノロジーとかデータについて話しても、異世界人の言葉のように受け取られて、前に進まなかったと。

結局、目指すべきビジョンが共有されていなければ、どれだけテクノロジーの意義を説いても理解されないということなんです。いま、関さんは、テクノロジーの話をする前にかならず「何をしたいですか」とか、「どんな街、都市にしたいですか」ということから話すようにしているそうです。そこから、データをどう使うかという話になり、データを共有することができるようになったと仰っていました。

「ジョイントビジョン」のように、多くの人が共有できるようなビジョンを掲げられればいいですが、それには相当なリーダーシップが必要になります。以前、慶應義塾大学の宮《みや》田《た》裕章《ひろあき》先生（医学部、健康マネジメント研究科教授）と、同じく慶應義塾大学の白坂成功《しらさかせいこう》先生（大学院システムデザイン・マネジメント研究科教授）と話したとき、宮田先生は「シェアドバリュー」、つまり共有価値という言葉を使っておられました。宮田先生ご自身も行政のプロジェクトや街づくりに関わるなかでシェアドバリューを掲げていて、それでもやはりはじめからバリューをきっちり決めることは難しいと仰るのです。

バリュー＝価値は、ユーザーからのフィードバックを受け、それによって更新したものを世の中に打ち出して、さらに更新して、また打ち出してという繰り返しによって磨き、発展していくものです、その過程でデータをとり、利用率や課題が浮かび上がってきて、サービスの利用幅も改善幅もどんどん上げていけると。

先生が目指すシェアドバリューは、ソーシャルグッド、つまり社会的に良いことを意味します。コロナ禍の収束とか、医療の質の向上など、誰もがいいと思えるようなことから大まかな筋を共有して、そこからどちらの方向に進むかは、とくにはじめから決める必要がない場合もあるというのです。

みんなが一緒に目指せるような大まかな方向性を掲げ、それを世の中にできるだけ早く打ち出して、フィードバックをもらって育てていくという考え方が重要というお話をされていました。

KDDIの中馬和彦《ちゅうまんかずひこ》さん（事業創造本部副本部長）と東急の宮澤秀右《みやざわしゅうすけ》さん（経営企画室デジタルプラットフォーム準備プロジェクト・プロジェクトオーナー）も、日本ではイノベーションの起こし方の認識が間違っているんじゃないかという話をされていました。

とくに日本の大企業では、完全に計画されてできあがったものが世の中に出て、それが変革を起こすというように考えられがちですが、変革は基本的に「育てる」ものである、と。今後、5年先に世の中がどうなっているか分からないし、いま重宝されているテクノロジーも5年後は使われているかどうか分からないのに、いまだにテクノロジードリブンでビジネスをつくらせている。

本来は、いかに不完全なまま挑戦するか、その過程で大きくしていけるか、という話をされていました。この点は、先ほどの宮田先生のお話と共通するところがあります。

Ｎｅｔｆｌｉｘを例にとると、もともとはビデオレンタルの会社としてスタートし、そこにブロックバスターという巨大な資金力を持つライバルが登場してきて、どう対抗しようかと考えた。そのときに、１週間、１ヵ月など決まった期間のなかで、その顧客のこれまでのデータからお勧めの映画を選んでレコメンドするという、サブスクリプションモデルを始めることにしたのです。

ちょうどそのころ、時代のテクノロジーがサブスクリプションのモデルと合致してきて、現在のような成長を遂げています。

MaaS Global のヒエタネンさんのようにはじめからコンセプトを打ち出せる人もいますが、ともかくいったん世の中にサービスを出して、フィードバックをもらい、修正を続けながら育てていくということが重要かなと思っています。

ＵＸの考え方

それでは、どのようにＵＸを考えればいいのかということですが、それほど簡単に言えるような話ではないので、ぜひ私が書いた『ＵＸグロースモデル　アフターデジタルを生き抜く実践方法論』（日経ＢＰ）という本を読んでいただければと思いますが、ここではそのベーシックなところを、少しお伝えできればと思います。

アメリカのUXファームであるAdaptive Pathの元経営者の方が2021年の6月に発表した記事で、「UXデザインはどこで道を間違えたのか?」と言っています。Adaptive Pathは2014年にある金融機関に買収されてそこの一部門になっています。アメリカではそのころからUXの重要性やデザイン・シンキングの重要さが語られるようになり、デザインファームやUXファームが次々に大手に買収されるようになった反面、UXが「劇場化」してしまったと。劇場化というのは、ユーザー中心といいながら一人のユーザーも巻き込むことなく、それらしい方法論を取り込むだけになってしまっていることを指しています。

たとえば大量の付箋にアイデアを書いて貼りまくるようなデザイン・シンキングのイメージがあると思うのですが、わずかな時間で考えたアイデアをいくら集めて貼ったところで、ほとんど意味はないと思います。それでスタートして、そこからちゃんとユーザーテストをして検証するならいいのですが、それだけで終わるというケースがかなり起こっていたと彼は指摘しています。

すべては良質なユーザー理解から始まるということをぜひ肝に銘じていただきたいと思っています。

２０３０年の未来社会を構想することは非常に大変ですが、私がいつもやっている方法論で言いますと、企業が何か新しいことをするとき、その企業のもともとのドメインとまったく関係ないことをしても、ユーザーにとっては意味が分からないとなってしまう。たとえば、ナイキがトイレをつくりましたと言われても、あまり関係がないなと感じてしまいます。

つまり、企業の系譜がとても重要なんです。

その企業がこれまでどんな価値を提供してきて、どの部分で成功してユーザーに受け入れられ、どんなイメージを持たれているのか。一方でいま、環境変化が起きていてその事業がうまくいっていないとすると、その企業のこれまでの流れから言ってどうするべきなのか。

社会的に弱い立場にある人たちが共同体をつくることでより豊かな生活になるというモデルでずっとやってきたという会社を例に考えてみます。これまで、２０００年代までは健康に良いもの、品質の高いものを一定のボリュームで大量に買うことで値段を抑え、安心、安全な消費を提供するということでしたが、ＳＮＳの登場と製品開発力の向上で社会的弱者の意味がどんどん変わってきています。

悪い商品をつくればすぐにＳＮＳで拡散されますし、そもそも開発力が向上して、悪い商品があまり生まれなくなってきました。

むしろいまの時代は、行政からどのような補助金が出ているか知っていたり、メルカリやジモティーなどのサービスを使えるかどうかで差がついてしまう。情報弱者はそれだけで選択肢が限定されてしまうので、社会的弱者になっているのではないかと考えつくわけです。

人々の生活を支えるビジネス、たとえばモノを売っている商店とか、宅配、フードデリバリー、介護、保険、電気設備など様々なサービスがあります。大企業でよくあることですが、「生活全方位サービス」という言い方をして、こうしたサービスを全部まとめてワンストップでやろうとする会社もあります。だけど、実際にそれをプロトタイプ化してユーザーに当ててみると、「御社が強いのはこの部分で、それは頼みたいけど、ほかはもっとコストの安いところを自分で探して頼みます」と言われてしまう。

一方で、コロナ禍で子どもが学校に行けなくなったり、自宅で仕事をする必要がある人に向けて、地元で5時間だけ子どもを預かってくれるサービスを考える。それをユーザーに当てたときに、「あなたの会社ならいい人しかいないと思うから」と信用してもらえるということがあります。まったくロジカルな判断ではないんですが、これまでその会社が築いてきたブランド、価値がそういう信頼につながっているんです。

申し上げてきたように、UXの手法はきちんとした仮説を立て、それを形にし、ユーザーに当ててフィードバックをかけるということが基礎のステップです。まず仮説を立てることで方針が決まり、どの部分をブラッシュアップするかが決まってきますので、ぜひ皆さんもそういうプロセスを回していただければと思います。ある程度、方針がぶれないというところまでいけばローンチしてしまって、さらにフィードバックをとるということは、先ほど申し上げたとおりです。

〈以下質疑応答〉

——DiDiを例に出されていましたが、なぜ中国の企業がこれだけ早くUXの重要性に気づいていち早くサイクルを回すことができたのでしょう。アメリカの企業に比べても、データの蓄積という点で中国に優位性があるのでしょうか。

アメリカと中国、その他の新興国では、かなり状況が違います。私の定義ですが、便利レイヤーと意味レイヤーという形で分けて考えますと、便利レイヤーは世の中にあるペインポイント、つまりこれがなくて困ったとか、不便だというものを直せばいいので、向かう方向が分かりやすい。

一方で意味レイヤーはそうはいかなくて、例が悪いですがタバコの場合ですと20種類くらいが流通していて、「アメリカン スピリット」のようなブランドを好む人はそこにライフスタイルや価値を置いているわけです。つまり、アメリカや日本のような成熟市場では「便利レイヤー」はすでにかなり達成されてしまっているので、意味レイヤーの価値を摑むことが重要になってきます。

車でも、欧米ではブランド力のある高級車に強みがあります。

中国は広い国土に14億人の人口がいる市場なので、オンラインという手段が非常に魅力的になります。その際ペイメントの手続きに2ステップ、3ステップかかってしまうと、それかける14億人分のロスという考え方になりますから、とにかくユーザーエクスペリエンスをきれいに磨き、利便性を上げないと市場で生き残っていけない。

一方、日本では、「これくらいの手間だったらユーザーが乗り越えてくれるだろう」という考え方が多いので、結果的に使いにくいUIになってしまっているように思います。

——TwitterやAirbnbなどの創業時にユーザーにインタビューして「他の人の家に宿泊したいですか」と聞いていたら、「私は嫌だ」という意見が多く出て結果的に諦めることになってしまうようなことはないのでしょうか。

いくつかのレイヤーに分けて考えたほうがいいと思うんですが、まず、意見を聞くのは百パーセントやめたほうがいいです。ユーザー理解が大事と言っているのに矛盾しているると思われるかもしれませんが、実際「ユーザーの意見」は適当だったり、本心のつもりでも実はそうではないものばかりで、「この商品が発売されたらぜひ欲しいです」と言っている人が多くても、実際にはおカネを払わないことがよくあります。

意見を聞くのではなくて行動のほうを見てほしいということなんです。そのサービスを実際に使ったとき、明らかに興味のなさそうな動きをしていたのに、「すごく良かったです」という意見を言う人もいます。必ず行動や反応を見るということがポイントになります。口頭で意見を聞く、イエス・ノー・クエスチョンで回答を聞くことの優先度は絶対に下げてほしいと思います。

「意見は聞くな」ということではなく、相手の置かれた状況を明確にイメージして、その人が自分の感情を表現しているのかどうかを冷静に見てほしいと思います。本当に価値のある事業、サービスと確信して突き進むのは重要ですが、とはいっても時代より少し先を行き過ぎて、ユーザーが受け入れられないというケースもあるでしょう。たとえば、VRはもう15年くらい前からずっと注目されているのに、いつまで経っても日常的に使えるものになってきません。ただ、それでも頑張って突き詰めるということは、場合によっては価値があると思います。

また「どこから間違っていそうか」を判断することも重要です。内容も良くて価値があるのに、使いにくいとか、内容が分からないと言われてしまうのであれば、価値そのものに問題があるのか、コミュニケーションや見た目がいけないのか、きちんと見きわめなければいけないでしょう。

いま見ている対象が本当にターゲットユーザーなのか、焦点が合っているのか、その点も判断してほしいと思います。ものすごく濃いユーザーの1000人が使ってくれて、そこから広がるというケースもときにはありますので。

〈2021年11月11日講演〉

第7講

自分のパッションに近いところで勝ち筋を見つける

株式会社ソラコム
代表取締役社長
玉川憲

×

トレジャーデータCEO
太田一樹

玉川憲（たまがわ・けん）

1976年大阪府生まれ。

東京大学工学系大学院機械情報工学科修了。米カーネギーメロン大学MBA修了、同大学MSE（ソフトウェア工学修士）修了。日本IBM東京基礎研究所でウェアラブルコンピュータの研究開発に従事した後、ソフトウェア事業部にて講師、コンサルティング、技術営業、エバンジェリスト、マネージメントを歴任。

2010年アマゾンデータサービスジャパンにエバンジェリストとして入社し、日本のAWSクラウド事業立ち上げチームとして指揮。

2015年春にAWS技術統括を卒業し株式会社ソラコムを起業、同社代表取締役社長。

太田一樹（おおた・かずき）

1985年生まれ。東京大学大学院情報理工学系研究科修士課程修了。在学中に学修奨励賞受賞、アルゴンヌ国立研究所客員研究員。在学中の2006年にプリファード・インフラストラクチャー（現・プリファード・ネットワークス）に6人目の社員として参画し、のちにCTOを務める。

2011年にアメリカでTreasure Dataを共同創業しCTOに就任。2021年6月からCEOを務める。

IoTテクノロジーを民主化する

ソラコムの玉川憲です。

私は1976年生まれで、東大の工学系大学院機械情報工学科を修了し、日本IBMに勤務した後、2010年にアマゾンデータサービスジャパンにエバンジェリストとして入社し、2015年に株式会社ソラコムを起業しました。

皆さんはいま、自分が情熱を持って取り組めること、パッションを傾けられるのはこれだというものをお持ちでしょうか。実は私は学生時代にはあまりそれがなくて、どちらかといえば単にテクノロジーが好きというだけだったのですが、IBM、アマゾンを経てようやく自分のパッションが分かってきて、いまは「IoTテクノロジーの民主化」というテーマに取り組んでいます。

民主化というと分かりづらいかもしれませんが、重要なテクノロジーを一部の人が独占するのではなく、より多くの人に使ってもらえるよう使いやすい形で提供しようということなんです。その基盤のうえで様々なイノベーションを起こしてもらうことができれば世の中に貢献できると思いますし、そのためにも、IoTテクノロジーを使いやすくということを会社のミッションにしています。

創業のきっかけになったのは私がアマゾンウェブサービス（AWS）の日本事業の立ち

上げを担当しているときの、ある会食の際の会話でした。アマゾン本社のあるシアトルに出張して、いまソラコムのCTOをしている安川健太《やすかわけんた》と飲んでいるとき、「ミッションクリティカル（＝障害や誤作動が許されない）と言われる金融とか通信系の仕組みも、クラウドを使ってつくることができるんじゃないか」

という話で盛り上がったのです。その日はそこそこ酔っ払っていましたが、事業アイディアに興奮して眠れなくて、一気に仮想のプレスリリースを書きあげました。アマゾンでは何か新規の事業を立ち上げるときは、まず仮想のプレスリリースを書いてみて、それがインパクトのあるものであればいけると判断する、というカルチャーがありました。そのときに書いたのは、IoTのプラットフォームをクラウド上でつくって、非常に使いやすいものにするという内容でした。

仮想のプレスリリースを書き、翌朝起きてもう一度それを見て、「いけるんじゃないか」と思ったのです。

いまでこそアマゾンは世界でナンバーワンのクラウドサービスの会社になっていますが、当時はまだネット書店のイメージでした。私はアマゾンでクラウドを担当していて、これはきっと世界一になる、コンピュータのクラウドといえばアマゾンということが当たり前になると思っていたのですが、当時はまだ多くの大企業が、「金融系のシステムはクラウドに向かない」とか、「通信系はクラウド化しない」と考えていました。金融、通信系の企業は自前でコンピュータを買ってデータセンターをつくり、その上で自前のシステムを動かすのが普通だったんです。いまでもほとんどの通信会社さんは自社のデータセンターで専用機を動かしています。

通信ビジネスでは通常、設備投資をし、基地局を立て、データセンターにサーバーを置いて運用するんですが、基地局さえ借りられればあとはクラウド上のソフトウェアで動くのではないかというのが我々の仮説でした。優秀なエンジニアが集まってソフトウェアをつくればクラウド上でシステムをつくることができると考えて、それをプレスリリースにしたんです。まだ誰もやったことがない事業でした。

自分の手でこのアイディアを実現したいという情熱が湧きあがってきたものの、アマゾン社内では事業化の俎上に上げるのは難しそうでした。

アマゾンのようにコンピューティングのクラウドを提供する会社にとって、通信会社さんはユーザーでもあります。お客様の事業と競合する可能性のある事業を社内で立ち上げるのは、きっと難しいだろうと考えました。

それでアマゾンを退社して自分で起業し、サービスを提供することにしたのです。

２０１５年に創業し、その年の6月にシリーズAとして7億円を調達、２０１６年にシリーズBとして30億円を調達しました。

同年にグローバルでもＩｏＴＳＩＭカードの提供を開始し、２０１７年にＫＤＤＩに買収され、同社のグループに入りました。KDDIの支援もあって回線数も順調に伸びていますが、もう一度創業当時の目標であるグローバルプラットフォーム化を目指してアクセルを踏みたいと考えて、スイングバイIPOというコンセプトを発表しました。

スイングバイというのは惑星の動きと万有引力を利用して宇宙船の運動ベクトルを変えることで、我々の場合にはM&AによっていったんKDDIという巨大な惑星の引力圏内に入り、そこからIPO（新規株式公開）という形で方向を変えて加速し、さらに遠くまで飛んでいくことをイメージしています。2021年にもソニーさん、日立製作所さん、セコムさんなど6社から出資をいただいています。

たった500枚しか売れなかった

起業したころに話を戻すと、当時、同様のアプローチをしている競合はいませんでした。コンシューマー向けのスマホ用回線にはすでにものすごい数の通信会社がいて、競争の激しいレッドオーシャンです。それに対して、ニッチであまり注力されていないけれど、今後必ず伸びると予想される事業領域を見つけられれば勝負することができます。

とはいえ、どんなジャンルで起業しても競合は必ずいます。そのなかで、自分のパッションに近いところでやるということと、勝ち筋を見つけることの両面が大事かなと思います。

大手の通信会社に1万人の社員がいるとして、あるニッチな事業領域にそのうちの1%の人員リソースをかけると100人になります。ウチの社員数が約120人ですから、全員でそのニッチなエリアに取り組めばほぼ同等の戦いにすることができるんです。

我々はIoTでクラウドにデータを貯めるということにフォーカスして、そこで戦おうという戦略でした。それは、私自身がデータベースをやっていて、「クラウドコンピューティングを民主化して提供する」というコンセプトが非常にいいなと思いましたし、それが皆さんに翼を与え、道具を与えて、それぞれのパッションの実現を助けるような仕事だと思ったので。

IoTのテクノロジーをみんなが使えるようにしたらなにか面白いことが起きるんじゃないかと思ったのです。

ソラコムは2015年9月に最初のサービスを開始したのですが、ユーザーが殺到すると考え、当初アマゾンでSIMカードを売ることにしました。一日10円で使えて、面倒な店頭での回線契約の手続きも不要、機器にインサートすればすぐに使えるという製品コンセプトに自信を持っていました。

ところがふたを開けてみたら最初の1週間で売れたのはたったの500枚、これはまずいなと思ったんです。数万枚売れると言っていたのに500枚しか売れなかったわけだから、チームメンバーが不安そうなんですよね。「この結果についてどう思っているんですか」と聞かれたりして。

製品の出来は良かったと思うのですが、いま思うと、どういうお客さん・マーケットに対して、どういうプロダクトを提供していくかという解像度が足りなかったと思っています。

お客さんのなかには、どこにSIMカードを差せばいいか戸惑ってしまう方もいました。発売直前にそのことに気づいて、USBに差してSIMカードを読み込んで通信できるようにするUSBドングル（スティック型データ通信端末）を急いで調達したんですが、製品を使ってもらうためのパス（経路）をもっともっと丁寧につくりこむ必要があったと痛感しました。

ミニマル・バイアブル・プロダクト（MBP）という言葉がありますが、最初にリリースした製品の改善を重ねていくのが重要だと思っています。

500枚しか売れなかったといっても、逆に言えば500枚も売れたということでもあるので、そこを手がかりにありとあらゆることをしました。お客さんからのフィードバックを聞いて次の製品をつくったり、ユーザーのためのイベントをしたり、ウェブサイトに情報を出したり、ブログを書いたり、できることはなんでもやり切ろうという姿勢で取り組んでいました。

お客さんになってくれる可能性がありそうな方には手当たり次第に連絡をとって、ウェブサイトからアクセスしたり、その会社に知り合いがいたらフェイスブック経由で紹介してもらったりして、少しずつお客さんを増やしていきました。

最初の製品を出してから1年半後、自販機を展開しているある大企業のお客さまから10万台くらいの自販機すべてでソラコムのＳＩＭカードを使いますという連絡をいただいたとき、はじめてこのビジネスがうまくいくと確信できました。

自販機での使用についてははじめから想定はしていたんですが、実際に契約に至るまでにはそのくらいの時間がかかったんです。あるところでティッピングポイントを越えるというか、大規模なユーザーさんと契約できたり、キラーアプリと言われるようなものすごくいいＵＩが出てきたときに、手応えをつかむことができました。

死なない限り生き延びる

ソラコムのＩｏＴＳＩＭカードは現在、世界中で５００万回線以上が使われています。小型通訳機として知られるポケトークにもソラコムのＳＩＭが入っていて、話しかけるたびに音声データがクラウドに飛んで通訳変換して戻るという形で70ヵ国語以上、世界中どこでも使えるようになっています。

皆さんがご存じのところで言うとメルカリポストですとか、各地で使えるＬＵＰというシェアリング電動キックボード。それから、クックパッドさんの生鮮食品ネットスーパー「クックパッドマート」などで使っていただいています。

大企業ですと、日立製作所さんの漏水検知システム、セコムさんの見守りサービス、三菱重工業さんのプラント巡回ロボット、フジテックさんのエレベータ、日本瓦斯さんのＬＰガスのスマートメーターなどですね。

ＩｏＴは、モノのデータをクラウド上に貯めて、分析し、さらにモノをコントロールする技術ですが、ハードウェアからサービス設計まで、サーバーのテクノロジーからセキュリティまで全部やらなければいけないので、システムをつくるのはかなり難しいんです。しかしソラコムのＳＩＭカードを使っていただけばデータを貯めることも簡単だし、それを可視化することもできます。我々はエンジニアとエンジニア・バックグラウンドの人間が半数以上という会社で、自分たちで内製してこのシステムを開発し、創業以来ずっと2週間に一度のペースでソフトウェアをアップデートしてきています。通信とか、データを貯める部分とか、クラウドにつなぐ部分など、ＩｏＴを活用するための要素をレゴブロックのようにすべてサービス化していて、どのブロックもひと月100円とか200円などの料金で使えるようになっているので、それを組み合わせて簡単にＩｏＴのシステムを構築することが可能です。

さらに、私たちは使いやすいデバイスも提供するようになりました。たとえば、温度・湿度と位置情報を取ることができるＩｏＴデバイスをトラックに載せれば、生鮮食料品の温度や湿度の管理、いまどこまで届いているのかを確認できます。電話回線が入ったボタンデバイスは、押すことでタクシーを呼んだり、担当者に通知したりすることができます。これらのデバイスを使えば、専門知識を持っていない方でもＩｏＴ活用が可能です。実際に、農作物の品質管理や医療機関での呼び出しなどに使われています。

我々の会社は創業当初からグローバルなプラットフォームになることを目指していまして、現在は日本とアメリカ、ヨーロッパの3拠点体制、約１２０人のメンバーでやっています。日本に１００人弱、アメリカに20人くらい、ヨーロッパに10人くらいいます。

スタートアップ企業では、「死なない限り生き延びる」とよく言われます。逆に言えば、どこかで心が折れるとそこで終わってしまう。

私たちについて言えば、このビジネスの成功を諦めたことは一度もありませんでした。自分たちがつくっているプロダクトがダメだと思ったことは一度もなくて、きっと使ってもらえるはずだと思っていました。

あるプロダクトにきちんとマーケットがあることをプロダクトマーケットフィットといいますが、その点はものすごく重要で、どんなにいい製品をつくってもマーケットがなかったら売れないんですよね。その点、自販機や車に通信デバイスを載せることは既存のマーケットとしてすでにありました。

今後は全世界で、あらゆるところにＩｏＴのデバイスが入って通信でつながる可能性があるので、無限のポテンシャルがあると思っています。現状で我々がリーチできている500万回線というのはその将来像からするとまだまだということができると思います。もっともっとサービスを改善していって、「自分たちはもっといける」と思えばまだまだいけると思いますし、逆に「このくらいだ」と思ってしまえばそこで成長が止まると思っています。

今後ＩｏＴのデバイスが増えていくのは明らかですし、あとは自分たちのプロダクトが、マーケットに求められるようなものになるかどうかということだけでした。

スタートアップ企業のなかには、とてもいいテクノロジーを持っているけど、そのプロダクトにマーケットがないというものもありますし、マーケットとのタイミングのズレもあります。

ＫＤＤＩの傘下に入った理由

私たちの会社はシリーズＡで調達した７億円の資金を使って最初のプロダクトを出した

ものの500枚しか売れず、一方でランニングコストは毎月出ていく状態でした。資金的に追い詰められてから新たに調達しようとしても厳しいと思ったので、そうなる前にシリーズBの調達をしようと考えました。

第三者割当増資で資金調達するということは、ダイリューションと言って経営側の株の持ち分が減ってしまうことになるんですが、そうなってもとにかく積極的に資金を確保して、中長期の戦いに持ち込みたいと思っていました。

そういう意味で、シリーズBで調達した30億円は非常に役に立ったんですが、実際にはその資金は使いきらずに、KDDIの傘下に入ることになりました。

できるだけ増資による資金調達はしたくないし、自分の株も手放したくないというオーナーシップにこだわる考えでいるとどうしても運転資金が続くかどうかギリギリの勝負になるんです。

私たちの場合はまずはしっかりしたプロダクトをつくって事業を成功させたいという思いが先に立っていましたし、翌年は経済的に悪くなるんじゃないかという予感もあったので、早めに調達しようと考えました。

いま振り返ると、そのあたりの意思決定もチームとしてスマートにできていたと思います。ソラコムには共同創業者が3名いるのですが、意思決定が必要な場面では、お互いの意見を出し切ったうえで、最終的にもっとも納得がいく選択肢を選んできました。

ソラコムとして目指す次のステージは、グローバルにおいてもポジションを確立することです。

ＩｏＴのマーケットは、日本だけではなく、北米、ヨーロッパ、アジアなど世界に拡がっていて、チャンスがあります。いま我々がＫＤＤＩの傘下から離れてＩＰＯすると掲げているのは、さらなるグローバル展開に向けて、世界中の優秀なエンジニアやセールス、マーケッターに入社してもらうためでもあります。ＩＰＯによってストックオプション（新株予約権）を発行できるようになるので、インセンティブを出す仕組みを充実させることができるからです。「世界中のヒトとモノをつなぐ」というビジョンを実現するために、チームも事業も進化しつづけています。

日本でやってる場合じゃない

トレジャーデータの太田です。

偶然ですがソラコムの玉川さんは同じ高校の先輩で、実家も隣同士の駅で、すぐ近くです。

私は２０１１年に日本人３人でシリコンバレーで会社を設立しました。その会社は２０１８年にイギリスのアームという会社に買収されました。

アームは、ＩｏＴや、モバイルに入っているＣＰＵの基本設計図を製作している会社です。アームが半導体メーカーのエヌビディアに買収されるという話が出たとき、トレジャーデータは買収の対象に入らないということでアームから切り離されました。そして、再び独立して走りはじめています。２０２１年11月にはソフトバンクから約２５０億円の出資を受けました。

私自身は買収されたあと2年ほどアームで働き、一度会社を辞めていましたが、２０２1年の6月に復帰しました。それまではＣＴＯ（最高技術責任者）を務めていましたが、ＣＥＯ（最高経営責任者）として復帰しています。

我々の事業は、カスタマーデータ・プラットフォーム（ＣＤＰ）、つまり顧客のデータを管理するサービスの提供です。これはソフトウェア・アズ・ア・サービス（ＳａａＳ）というサブスクリプション型のサービスで、だいたいいま４５０社の顧客があり、大企業に特化して、ソフトウェア製品を買っていただく形になっています。

たとえば世界最大のビールメーカーであるアンハイザー・ブッシュ・インベブもわが社の顧客の一社です。同社にはバドワイザーやコロナなど５００種類くらいのビールのブランドがあり、50ヵ国ほどにまたがる顧客データの管理に、我々のソフトウェアを使っていただいています。

ほかにも、街を歩いていてロゴを目にする企業の多くにトレジャーデータのサービスを入れていただいています。

社員は20ヵ国ほどにまたがり在籍しています。アメリカ、日本、ヨーロッパ、韓国やベトナムなどに拠点があります。

私は東大理学部の情報科学科出身ですが、学生時代はあまり真面目な学生ではなくて、ほとんど学校には行っていませんでした。21歳のとき、先輩が学生起業したプリファード・インフラストラクチャー（ＰＦＩ、現・プリファード・ネットワークス）という会社に参加して、25歳くらいまでＣＴＯを務めました。はじめは５人くらいでスタートして、ベンチャーキャピタルの投資も受けずに４～５年でだいたい40人くらいまで社員数が増えています。

その会社にいるときに、アメリカ・シリコンバレーのある会社と働く機会があって、この会社が起業から３年で５００人くらいの規模に成長するのを目の当たりにしたんです。その成長曲線を見ると日本でやっている場合じゃないなという直感がありました。野球をするならメジャーリーグみたいな感覚で、単純にソフトウェアをやっている人間としてはシリコンバレーで起業しようと考えたのです。

私は学生時代にハイパフォーマンス・コンピューティング（ＨＰＣ）の研究をしていまして、指導教員の石川裕《いしかわゆたか》教授は２０２１年に「富岳」という世界一のスーパーコンピュータのプロジェクトリーダーを務めています。

学生時代、コンピュータの処理速度を速くするためにどうしたらいいかと考えていたとき、コンピュータのCPU自体はムーアの法則で18ヵ月ごとに性能が2倍になるのですが、データを扱う部分、ディスクに書き込むような作業はほとんど速くなっていなくて、そこから、大量のデータをどう扱えばいいのか、どうすれば作業を速くできるのかというデータ処理の分野に興味を持つようになりました。

最初のプロダクトはクラウド上でデータプラットフォームを民主化するという発想だったんです。もともとデータ処理というと、数億円する巨大なハードウェアをセットアップし、18ヵ月くらいかけてそこにデータを入れるというやり方で、それでもだいたい7割くらいは失敗するような状況でした。

それをクラウド上に持ってくることで、月に30万円くらいの費用ですぐ始められて、大量のデータを分析することができる、というものが最初のプロダクトでした。

起業アイディアの見つけ方にはいろいろあると思うのですが、好きなことだから長く続けられるということがあると思います。私自身は、これだったら自分は10年でも15年でもずっとやりつづけることができるなという感覚がありました。

その後、私たちの売り上げがだいたい20億円から30億円になったとき、Ｇｏｏｇｌｅやマイクロソフト、アマゾンなどの巨大企業が次々にデータ分析のインフラをコモディティ化するようになってきたんです。そうなると、我々のようなスタートアップもその波に対応していかなければいけない。つまり、自分たちのつくったデータプラットフォームの上にアプリケーションを載せて、価値を積み上げなければと考えたのです。

そこで、起業して5年ほど経った段階でCDPの会社になろうという決断をして、プロダクト自体はそれほど変わっているわけではないのですが、コンセプトをピボットしました。

日本人エンジニアの強み

創業メンバーの一人である芳川裕誠《よしかわひろのぶ》はもともとシリコンバレーでVC(ベンチャーキャピタル)をしていまして、先ほど触れた、3年のうちに500人に急成長した会社を手伝っていたんです。そこで私と面識を持っていました。

もう一人の古橋貞之《ふるはしさだゆき》は筑波大学出身で、プリファード・インフラストラクチャーで私がCTOをしていたときにインターンとして入ってきたエンジニアです。彼を見た瞬間に、「もう自分でプログラミングはしなくていいな」と思ったくらい、優秀な人でした。私も情報科学科出身で、プログラミングはできるほうだと思っていたんですが、彼は別格でした。それで、会社をつくるときに彼を誘いました。

私がどんなプロダクトをつくってお客さんにそれをどう買っていただくか、というプロダクトマネジメントの設計を担当し、古橋がプロダクトのコーディング、芳川がファイナンスやＨＲ（人事戦略）、会計など、会社の基礎となる部分を担当し、３人で一緒にファンドレイズ（投資家に出資を依頼すること）もしました。

アメリカで創業したので、就労ビザの取得は大変でした。その後さらに厳しくなっているのですが、アメリカで働くこと自体のハードルが高かったということです。海外から来た起業家はハンデがあるんです。

我々に投資してくれた人から言われたのは、「自分を日本で起業したエストニア人だと思え」と。「仮に、エストニア人の３人組が日本に来て起業し、それに投資するかと言われたら、しないだろう。それでも投資してもらえるような事業の強み、チームの力が必要なんだ」と言うのです。

ですから、投資環境で言うと、日本の10倍どころか50倍、１００倍くらいの厳しさがあると思います。日本人エンジニアとして、自分たちの独自の強みがどこにあるのか見つける必要がありました。そこで考えたことが二つあります。ひとつは、エンジニアリングの点です。日本のエンジニアリング・コミュニティのネットワークの力は、シリコンバレーの人たちに全然負けていないと考えていたので、はじめのエンジニアリング組織は日本でつくりました。

いま、シリコンバレーのテック企業の平均勤続年数は2年を切るくらいまで短くなっているようですが、日本人はちょっと違っていて、会社にロイヤリティを持って比較的長い期間コミットしてくれるという文化があるので、それを基盤に強力な組織をつくることができました。

もうひとつは、日本人創業者として当然、日本市場のことはよく理解していますから、そこから最初の売り上げを立ち上げました。

私たちはいま、地球上でインターネットに接続しているといわれる人口の、半数にあたる方々のデータをお預かりしており、そのデータは100ヵ国以上に分散しています。とくにアメリカは、一人あたりの広告費が日本の3倍から4倍くらいあり、人口自体も3倍近くあるので、総じて7倍から10倍くらいのマーケティング予算がかかっていまして、私たちとしてももっとも大きな市場になっています。

また、ここ10年ほど、データプライバシーに対する意識が高まっていることは皆さんご存じだと思います。2021年4月からは、iOS上で「このアプリがデータをトラッキングするのを許可しますか」というダイアログが出るようになっています。

この流れはヨーロッパ市場から始まっています。GDPR（General Data Protection Regulation）という消費者データを保護する法案が成立し、それが全世界に波及しています。世界約200ヵ国のうちの約150ヵ国がGDPRをモデルに法整備を進めていて、日本も同様の状況です。

〈以下質疑応答〉

——お二人はそれぞれM&A（合併・買収）で会社を売却されたわけですが、IPOを目指すことと比較してメリット、デメリットを教えてください。

玉川　2015年に創業してシリーズA、シリーズBで二度の資金調達をし、プラットフォームをつくるとさらにおカネがかかるので、シリーズCによる新規の資金調達を考えていたんです。当時はまだ8万回線くらいしか使われていなくて、このビジネスのマーケットは大きくて今後も広がっていくという確信はあったんですが、思った以上に時間がかかりそうでした。

当時、「ディープ・キャッシュな会社」という言い方をしていたんですが、潤沢にキャッシュがあって、長期的に一緒にやってもらえるような会社と組まなければいけないということは創業当時から考えていました。そうなると、日本だと通信系の会社、グローバルですとGAFAのような会社になるので、そういう会社を対象に話をしはじめて、結果的にKDDIさんのM&Aに至ったということです。

もちろん、当時のコアメンバーと議論したうえでの決断です。KDDIさんのサポートがあってビジネスは伸びたし、先ほど述べたスイングバイIPOという成長戦略も描けているので、結果的には良かったと思っています。

結局、創業陣が何を重視するかだと思うんです。オーナーシップを重視するのか、イグジットする速さを選ぶのか。我々の場合は自分たちのプラットフォームがグローバルで使われて、それによって世の中に貢献したいということが最重要でしたので、そのための最短パス、ベストチョイスとしてKDDIグループに入るという決断をしました。

太田　私たちは最初からアメリカの投資家の資本が入っていたこともあって、いかにしてユニコーン企業（企業評価額が10億ドル以上の非上場ベンチャー企業）になるかという思考が強くありました。M&Aがゴールというよりも、最速でビジネスを伸ばすことを常に意識していました。
ただ、VCから投資を受けている以上、どこかでイグジットを考えざるを得ない。スタートアップのうちシリーズCの資金調達までいけるのは500社のうち1社くらいで、さらにそのうちの90パーセントがM&A、10パーセントがIPOという事実があります。ですから、IPOを目指してやっていくけれども、実際にはM&Aがイグジットのターゲットになるということがあると思います。

ソラコムさん同様に、シリーズBの資金調達をする段階まで来ると、やはりM&Aの話は常にあるんです。我々の場合はまだそれほど売り上げがなかったのですが、とても良い条件の買収オファーが来まして、これなら当初投資してくれたVCも、ファウンダーも、従業員もみんながハッピーになるということで、ディールがまとまったという感じです。

——M&Aでそのパートナーを選んだ理由はどのようなものでしたか。

玉川 コアメンバーで議論した結果として、自分たちで主導権を持って技術を続けたいということが基本にありましたので、GAFAのような会社の中に融け込んでソラコムという名前がなくなってしまうよりも、KDDIさんからのお話が魅力的でした。

当時KDDIの新規事業担当の役員だった髙橋誠《たかはしまこと》（現・KDDI社長）さんからは、「いろいろなスタートアップに投資してきましたが、ソラコムさんの場合は非常にアーリーステージだから、中に取り込むというよりも、後ろから押します」と言ってくださったので、その話には乗れるなと思いましたね。マンガの『キングダム』でいうと、秦の飛信隊のような感じで、遊軍みたいに旗を立てて好きにやらせてもらえるという感じでした。

太田　我々の場合はソフトバンクでしたが、実際に決めたのはアームCEOのサイモン・シガーズでした。M&Aを決めた理由は三つあって、一つは5年後、10年後の事業シナジーです。世界中にアームのチップが普及し、そのチップから集まるデータを活用しようという、アームのビジョンに非常に共感できたということがあります。

二つめは会社のカルチャーで、アームのエンジニアたちは主にイギリスのケンブリッジの拠点にいて、平均勤続年数も6〜7年と長いんです。会社員の定着率がいい会社で、その点は非常にいいなと思いました。

三つめはオファーの条件が非常に良かったことです。この三つの要素がそろったので、取締役会としても決断しました。

——M&Aされたあと、当初の期待値と実際に起きたことのズレという点ではいかがですか。

玉川　私自身IBMやアマゾンで長くサラリーマンとして働いてきた経験がありますし、ほかの創業陣も同様なので、いい面でも、悪い面でもだいたい想像通りでした。

いい面で言いますと、我々のようなIoT通信のプラットフォームを提供するサービスは5年、10年と長期にわたってお客さまに使っていただくことになりますが、スタートアップ企業がサービスを提供しているのと、KDDI傘下の会社とでは顧客の印象が全然違います。潰れることのない、大企業傘下の堅実な会社ということで、契約がとれたということがあります。

悪い面としては、当然のことですが大きな会社のなかに入るとコンプライアンス面、ガバナンス面をよりきちんと整備していく必要が出てきます。特に事業計画に関してはスタートアップとだいぶ違っていて、スタートアップの場合は元の計画がグダグダになってもとりあえず上に上に伸ばしていくという感じですが、大企業の場合は上にも下にもずらしてはいけないので、その点で相当精神面の鍛錬が必要になります。

我々の場合は、KDDIさんの指導もいただきながら、ほぼ事業計画をクリアしていったので、KDDIに買収された会社のなかでも優秀なほうかなと思っています。

買収する側から見ると赤字の会社をかなりの金額で買うわけですから減損リスクというのがあって、事業計画がきちんと計画通りにいっていないと、いわゆる「のれん」を処理する、それが赤字として親会社の決算についていってしまうということはあります。

その点、ソラコムの場合はうまく乗り切れたと思います。

太田 私の場合は、21歳のときからずっとスタートアップでやってきて、大企業で働いた経験が全然なかったので、32歳で買収されたとき、はじめて「上司」ができたんです。それがいまのアームのCTOです。それまで上司がいたことがなかったので、とても苦労しました。

買収後は、統合プロセスとして、ＩＴ、セキュリティ、コンプライアンス、ＨＲなど、バックオフィス系は全部統合する必要がありました。アームにはグレードシステムというものがあって、６０００人いる社員全員が1から10（社長）までのランクに振り分けられています。ここにトレジャーデータの１５０人の社員が入ったのですが、誰がどのグレードに当たるのか、判断が難しいんです。グレードによってサラリーが決まるので非常に重要なんですが、そのあたりをかなり悩みながらやったり、会計システムを統合したりしました。そのほか数多くの統合に伴う作業を、２年間にわたってやっていました。

さらにそこにエヌビディアによるアーム買収という話が持ち上がって、トレジャーデータはその買収の対象に入らず、アームから出ることになり、２年間かけて統合したものをまた戻すことになったんです。そこで、燃え尽きました。

玉川　そういう意味で、我々がラッキーだったのはバックオフィスやＨＲに関してはＫＤＤＩの仕組みはまったく入らなくて、ソラコムのままでやらせてもらえたことです。むしろ、ＫＤＤＩから会計の専門家に来てもらって、非常に助かりました。

――あらためてＭ＆Ａの時点に戻ることができたら、また同じ選択をしますか。

玉川　なかなか難しい質問ですが、結局自分が決断したことを自分で正当化するしかないという面があって、やはりM&Aを受け入れたと思います。

興味深いのは、2017年の夏ごろ、日本のメンバーに「M&Aされることになりました」と伝えたところ、一瞬シーンと寂しい雰囲気になってしまって。

ちょうどそのころ、一年に一度のイベントのためにグローバルのメンバーも集まってきていて、アメリカとヨーロッパのメンバーに同じことを英語で伝えたら、「イエーイ！」みたいな大拍手で、全然違うなと思ったことを覚えています。欧米では、やはりイグジットすることがひとつの成功なんですね。日本だと小学校を卒業してみんなもう会えなくなっちゃうのかなみたいな（笑）、不安な寂しい感じになるんですが、結果としてソラコムの組織のままやってこられたので、良かったと思っています。

太田　我々の場合は提示されたのがとても良い条件だったので、やはり同じ選択をすると思います。玉川さんと同じで、私も買収のニュースが流れたあと、中高時代の友人から、私のことを心配するような連絡があって、少しビックリしました。

玉川　創業メンバーはとくに、自分たちがやりたくてやっているビジネスを売ってしまう、手放すという感覚になるんです。半分嬉しいし、半分は寂しくて悲しい。でも総合すると、絶対に嬉しいはずなんですけど。

太田　我々の会社で言うと、資金調達をして、いまは逆に会社を買う側になっています。トレジャーデータのビジネスを伸ばしていく一方で、単体ではなし得ない成長を加速するためにスタートアップ企業を買っていきたいと考えているのですが、買われる側の創業者の気持ちが痛いほど分かるので、今後この経験はものすごく生きるだろうなと思っています。

――起業家を目指す学生に対するメッセージを。

玉川　私の場合起業しようと思って起業したというより、クラウドのサービスをつくろうと思って結果的にこうなったので、いま学生段階で起業を考えている人は私に比べるとずいぶん先を行っていると思います。

日本は人口が減って高齢化していきますし、どちらかというと保守的な考え方をする人も多いので、今後かなり閉塞感のある社会になると思うんです。大企業に入ってその企業のカルチャーを変えることにエネルギーを割くより、ゼロから始めるスタートアップのほうが結果的に世の中に与えられる影響が大きいのではないかなと思っています。

私の場合IBMで10年、アマゾンで5年働いてそのあと起業しましたが、人によってそれぞれ良いタイミングというのがあるので、ちょうどいいタイミングで挑んでいただければと思います。

もうひとつ、昔と比べるとすごく起業のハードルが低くなっていて、我々の時代はシリーズAで7億円調達するのは大変でしたが、いまはふた桁の億円でも普通に調達できるようになっていて、環境は非常に良くなっていると思います。

太田 玉川さんと共通する意見が多くて、起業環境が格段に良くなっているのはその通りだと思います。おカネが余っていて起業家の数が足りない時代なので、もし自分が実現したいというアイディアがあるなら、起業家というパスはとてもいい選択肢だと思います。

やはり、いま世の中にないものを自分たちで作り出すことができる人はすごく貴重で、50年前、100年前に比べるとそういう技術的イノベーションはどんどん加速していますから、良い時代に生まれたなと個人的には思っています。

付け加えると、私は海外にいますので、もし海外に行きたいとか、海外で起業したいという方がいたら個人的に応援したいと思っています。

玉川 グローバルで事業をするのは、ずっと苦労してきたことですね。日本のチームはある程度コモンセンスというか、共通理解みたいなものがあるので、チームをつくるのも、ミッションを伝えるのも楽ですが、アメリカやヨーロッパでチームをつくるとなると言語も違うし前提とする常識も違うのですごく難しい。

ここ1年くらいでようやくカルチャーがしっかり伝達されたコアチーム、リーダーたちがそろってきて、チームができてきたという感触を持っています。

ソラコムには「世界中のヒトとモノをつなげ共鳴する社会へ」というビジョンがあって、テクノロジーの民主化を掲げています。その本質を伝えるために、重要な決定をするときにわが社はこう考えるということを実際に肌で感じてもらわなければいけない。それを伝えるのがものすごく大変でしたし、創業から7年間、ずっと苦労してきたところですね。

昔はソニーやトヨタ、ホンダとか、日本の企業がたくさん海外市場に出ていっていまも活躍していますが、ITの時代になってそういう企業がまだないんです。私たちも、日本発のグローバルな会社になりたいと思ってやっているので、グローバルでの組織づくりの苦労も乗り越えていかないと、と思っています。

それと人材の厚みという問題もあります。私自身はIBMを辞めたあとアメリカの大学でMBAをとって、そのあとアマゾンに入ったのですが、おそらくアマゾンにとって私みたいな人間が最高の人材かなと思ったんです。アメリカの経営スタイルを学んでいるうえ、日本育ちで日本の市場のこともよく知っていますから。

一方、日本の企業が海外に出ていくときにそういう人材がいるかと考えると、ほとんどいません。日本の大学のMBAのプログラムにもっと海外の留学生を集めて、日本流の経営スタイルを教えていく必要があると思うんですが、ほとんどやられていないからです。それどころか、コロナ禍の期間中は留学生の受け入れさえ止めてしまいました。このことが10年後、20年後に大きなネガティブインパクトをもたらすのではないかと思っています。

人を育てないとビジネスはつくれないので、その点で我々はハンデがあるんですが、自分たちで英語を勉強して人を送り込んで、ローカルの人を採用してチームをつくるということをずっと続けています。

いま、海外での売り上げが徐々に増えてきていますが、それをどうやってグローバルプラットフォームにするかというのが難しいところです。自分たちでつくってきたプロダクトですから、きちんとモノにしたいと思っていますし、最初にVCでおカネを入れていただいた方にせよ、KDDIさんにせよ、期待は裏切りたくないと思っています。そこはもう意地でやっている感じですね。

そういう意味では私たちはゼロイチの起業家というより、ゼロ百くらいまではやりたいと思っています。

チームでいいものをつくって、まっとうな、世の中に評価されることをやるのが一番楽しいと分かっていますので、そこにこだわっていきたいですね。

〈2021年12月9日講演〉

第8講

経営者としての「俯瞰力」を磨こう

株式会社経営共創基盤　共同経営者・取締役CFO
マネージングディレクター
望月愛子

望月愛子（もちづき・あいこ）

早稲田大学政治経済学部卒、在学中に公認会計士二次試験に合格。

2002年中央青山監査法人に入所、大手上場企業の法定監査・内部統制監査業務に従事。

2007年株式会社経営共創基盤（IGPI）に移り、大手企業の事業ポートフォリオ見直し及び新規事業創出に関わる戦略立案〜実行サポート、デューデリジェンス、M&Aアドバイザリー等に携わる。近年はCVCの立ち上げ及び運用に関するアドバイスやオープンイノベーションに関わる組織設計も数多く手がけ、IT領域から科学技術系テクノロジー領域まで、幅広い領域のベンチャーを立ち上げ時期からイグジットまで数多く支援する。

現・株式会社経営共創基盤共同経営者、取締役CFO、マネージングディレクター。

名古屋工業大学共創基盤（NITEP）取締役、ユーグレナ社外取締役、南海電気鉄道社外取締役を兼任。

〈本講は２０２１年11月25日の約70分の講義内容の一部を抜粋したものです〉

するべきことの目次をつくる

はじめに、今日皆さんにどういうことを成果として持って帰っていただきたいかをお話しします。

会社を創り、経営するようになると、おカネを集めたり、大企業と提携したり、その先にM&AやIPOの形でイグジット（出口戦略）を検討したりなど、いろんなことをする必要が出てきます。

同時に、起業ノウハウの本には書かれていないような様々なイベントも、かなりの頻度で発生します。

例を挙げると、一緒に会社を立ち上げた創業メンバーと仲違いをしてしまったり、会社の成長についていけないメンバーが出てきたりといったことは、恐らくどんなベンチャー企業も経験していると思います。

会社が大きくなっていけば、株主も増え、ステークホルダーも増え、社員も増えて、いろんな人とコミュニケーションをして問題を解決しなければならなくなってきます。大企業との提携や、M&Aの交渉をするにしても、カウンターパートとして大企業側から「上から目線」の人が出てきて、ぶつかってしまったなんてこともあります。

もちろんそういった経営上の判断だけではなく、一方で日々の業務も回していかなければなりません。


経営者は製品とかサービスを差別化していく技術力だけでなく、様々な戦略を考える必要もありますし、法律や、数字のことも分かっていなければいけない。さらに組織も作っていく必要がありますので、やることがいっぱいで、忙しいのは確かです。

今日は、会社を経営するときに知っておくべきことの目次を、頭の中に作っていただいて、実際に試練に遭ったとき、あのときあんなことを聞いたな、と思い出していただけたらと思います。

また、結果的に起業に至らず、研究室に残ったり大企業に就職したとしても、こういった経営者目線を持つことが非常に有益になりますので、アントレプレナーシップに欠かせない知識をご紹介したいと思います。


今回の講座は、特にディープテックにフィーチャーしているということですが、どんな事業、どんな技術、どんなアイデアで起業したとしても経営の大事な本質はそれほど変わらないと私自身は思っています。

経営者として、特に大事なことが三つあります。

一つは、その事業が価値を生み出し、そしてそれがずっと続いていくということです。そうでないと、事業になりません。そのサービスや製品によって対価を得る、つまり顧客におカネを払ってもらわないと事業を続けていけません。

誰にどういう価値を届けるのかということは、街のレストランでも、文房具屋さんでも同じことで、当然ながらそこに何かの価値があるからこそ、人が惹きつけられるということです。人は価値があると思うものに対してしかおカネを払いません。

二つめは、変わりつづけられる強い組織を作るということです。

どんなに能力の高い人でも、一人でできることは限られていますので、組織を作って、みんなで大きくしていかなければいけません。大企業病という言葉を耳にしたことがあるかもしれませんが、世の中がどんどん変わっていくのに、会社や組織が変わらなければ置いていかれてしまいます。変わりつづける組織を作るためにはどうすればいいかということも非常に重要です。

三点めは、社会の良き一員となることです。

社会の良き一員となって多くの人に受け入れられるようでないと、事業会社としても生き残っていけません。自分だけ稼いで、他人を汚してもいいというやり方では、一時はいいかもしれませんが長く続けていけません。社会に必要とされるようになることが大事だと思います。身の回りを見ていただいて、いい会社だなとか、いいチームだなと感じる組織は必ずこの条件を満たしていると思いますし、私自身、これまで見てきて、だいたいこの全部の条件を満たしているように思います。

次に、起業した後のライフサイクルのイメージを共有できればと思います。

起業する前なのにそんな先のことまで考えなきゃいけないのかと思われるかもしれませんが、時計には長針と短針と秒針があるように、秒針が動かなければその先はないものの、秒針だけが動いていても、短針や長針もちゃんと存在して動いていなければ、全部が回っていきません。

秒針も大事ですが、その先の中長期にどういうことが起こるのか、どうなっていきたいかというビジョンがないと事業はうまく回りませんので、企業のライフサイクルを最初にご紹介します。

シード、アーリー、ミドル、レイター——これは簡単に言うと、企業のステージを表す言葉です。

立ち上がったばかりの生まれたての事業を、ベンチャー界隈では「シード（種）」の時期と言います。資金調達して、徐々に会社が育っていくと、アーリー、ミドルと進んで、特許をとったり、大企業と本格的に提携することもあるかと思います。

さらに進んでレイターとなると、カクカクと不連続に成長したり、急にビュッと伸びたり、逆に急に落ちこんだりしながら進んでいくというのが企業経営のライフサイクルです。

ＩＰＯ、Ｍ＆Ａしたら終わりというわけではなくて、集めたおカネでさらにグローバルに展開したり、上場している場合は、経営者を続けることになります。会社を売却したあと、売却先の会社の社員になるということもあるでしょうし、引き続き起業したり自分自身が投資家になるということもあると思います。

まずは良きチームをつくる

創業フェーズで言いますと、起業する、つまり会社を始めるときは、仲間を探すことが大事になります。

もちろん、一人だけでも事業を立ち上げることはできますが、たった一人だけの会社だと外部からの投資を受けることが難しいんです。

たとえば私が一人でいいアイデアを考え、事業を立ち上げても、投資家から見ると「一日24時間しかないのに、一人で何ができるんですか」となってしまう。「あなただけの発想だと限界があるんじゃないですか」とか、極端に言えば「あなたが死んだらどうするんですか」と言われてしまうかもしれない。やはり、投資を受けるときには仲間がいたほうがいいですし、一人でできることには量的にも能力的にも限界があるので、最初に、一緒に事業をするチームを作ることが大事になります。

そのチームも、頭数が揃えば誰でもいいというわけではありません。

2019年に、アメリカのCB Insightsという会社がスタートアップの失敗原因上位20を集計したところ、ランキングの1位はNo Market Need、そのあとのRan Out of Cashなど、いかにもというものが並び、3番目にNot the Right Teamが入っていました。メンバーが良くなかったことが失敗の原因になったというのです。ですから、起業にあたって、いいチームを作ることがとても重要になります。

仲間の見つけ方として、どこで仲間を見つけないといけないという決まりはもちろんありませんが、よくあるケースとして三つのパターンがあります。

ひとつは大学の友人と組んで起業することで、長く一緒の時間を過ごしていますし、同じ専攻であれば興味も近いので、チームとして機能しやすくなります。有名なところでは、ＧｏｏｇｌｅやＦａｃｅｂｏｏｋも大学時代の仲間で立ち上げています。

二番目は、会社の同僚と組むことです。これも同じ時間を過ごしているので、その人物のいいところ、悪いところ、仕事ぶりもよく知っているのが強みです。

三番目に、古くからの友人、幼なじみと起業したという話もよく聞きます。個人的な繋がりがあって互いによく分かっているので、一般に喧嘩別れする可能性が低いと言われてはいるものの、関係が長すぎて切るに切れなかったり、仲間割れしたとき、結構激しい争いになってしまったりということもあるので、避けたほうがいいと言われることもあります。

いいチームを作るには、自分と価値観が共有されてはいるけれど、考え方とか発想法、チームのマネジメント方法が全然違うという人、似ているところと違うところが共存している人と組むのがいいと思います。

これまで様々なチームを見てきましたが、いいチームは、やりたいことの根っこは揃っている一方で、多様なメンバーが集まっていることが理想です。あまり似た人ばかりですとうまくいかないように感じます。

想いの根幹を共有していて、なおかつ違う個性を持っている人たち、ビジョンは同質で能力には多様性があるというチームを目指すのがいいと思います。

すでにもう、頭の中でこういうメンバーで起業しようと思っている人もいるかもしれませんが、似ている人ばかりだからあいつを追い出そうということではなくて、いまいるメンバーに加えて4人目、5人目としてまた違った個性、能力を持つ人を迎え入れようと考えていただければと思います。

望月愛子

資金調達に向けてまず肝になること

チームが揃ったら、会社を創る必要があります。いろんな人と取り引きしたり、権利をとったりするために、会社という形にする必要があります。このときに知っておいていただきたいポイントは、どういうハコを選んだらいいかということと、どういう手続きをするのかということです。

起業するなら、株式会社という形態が一般的です。

会社の形態にはほかにも合同会社とか個人事業などがありますが、株式というものを使っておカネを集めることができるのが株式会社です。上場している会社は、株式を発行し、それを基に資金調達します。株式会社としてやることが多くて大変ではありますが、ルールどおりやればいいですし、言われたとおりやればいいのは楽という面もあります。

株式会社は会社の権利を株式という形に細分化して、その会社の権利の一部を株主にわたし、その代わりにおカネを出してもらって運営する形です。

設立したときの会社の価値が１００万円だとすると、70万円出した人には70パーセント分の株を渡し、20万円出した人には20パーセント分渡してという形で、おカネを出した分だけ権利を得られ、株主は会社に対して議決権を行使できたり、配当を受けとることができます。

また、所有する株式を転売することもできます。立ち上がったときの価値は100万円だったとしても、その会社が1億、10億、1000億、1兆円と価値を高めていけば、株を売買して何倍ものキャピタルゲインを得ることができます。

これに対して合同会社は、元々事業に必要なおカネを十分持っている人たちが、株主から介入されることなく、またカチッと固まった株式会社の仕組みに縛られることなく、経営の自由度を保ちたいというときに選択する形態になります。

具体的に株式会社の事例で少し考えてみましょう。立ち上げた会社の設立時の資本金、つまり会社の価値を300万円としたとき、奨学金で頑張っていますというCEOと、実家に頼むとおカネが出てくるというメンバーAと、150万ぐらいは借りられるというメンバーBがいたとします。CEOが300万円全部出せばCEOが100パーセントの権利を持つことになりますし（ただこのCEOが一人で300万円出せるかは難しそうな気もしますが）、他にもCEOが半分持って残りは二人で折半とか、みんなで仲良く平等に配分しようというケースがあると思います。そのうちどれがいいということはありません。ないおカネはどうやっても出せないでしょうし、ただ大事なのは無策でやらないということだけです。

資金調達をするということは、株式を追加で発行してばらまくということなので、創業者が持つ株の割合が減っていきます。意思決定権を維持するために創業メンバーの誰かに株を集約しておいたほうがいいということがあるかもしれません。

とはいえ、CEOがすべての株式を持っていて本当にいいのかということもありますし、特にディープテックの特徴として設備投資をしたり、開発に時間がかかったりと多額の資金が必要になることが多いと思います。その分株をたくさん発行する必要がありますので、過半数を維持することが難しくなることもあると思います。

CEOの存在そのものに価値があるからということで持ち株比率を決めることもあると思いますが、価値判断はどうしても主観的なものになりますし、先ほど創業者同士で仲違いすることもあるという話をしたように、貢献度が徐々に変わってくることもあるので、これも正解はありません。

メンバーのモチベーションの問題もあります。みんな同じように頑張っているのに、なんであいつだけ株を持っているんだという感情が出てくるかもしれませんし。

資金を調達するときには、新しく株式を発行するということを株主総会で決議すると会社法で決まっています。もちろん、3分の2以上を持つ株主がいればその意向によって決議できます。

なんらかの理由で、創業者が会社を離れるということはしばしばあります。そのとき、株を買い戻せないと大事なことが多数決で意思決定できなくなってしまうことがあります。また、創業者が会社を離れたあと、会社に貢献していないのに保有株の価値がどんどん上がっていくことに違和感があるということもあるかもしれません。

そういったことを想定して、創業時に株主間契約を結ぶこともあります。契約を結ばないと会社を立ち上げられないということではないですが、一般的には結ぶこともよくあると思いますので、「創業株主間契約」というキーワードを頭に入れておいてください。契約の条文については、ベンチャーの顧問を多くしている法律事務所のウェブサイトなどに雛形が出ていますので参考にしてください。

また、会社名を決めないと会社は立ち上がりません。

ベンチャーの人たちに会社名をどうやって考えたのかを訊くのが私はとても好きなんですが、居酒屋で飲みながら決めたとか、お風呂に入っているときに浮かんだとか言う方が結構います。皆さんも先輩起業家に話を聞くとき、どうやって会社名を決めたんですかと訊いてみると、話が膨らんでいくかもしれません。

会社名を決めたあと、定款など様々なものを作って、役所に登記をします。会社をつくると税金を払わなければいけませんので、税務署に行く必要もあります。社員を雇ったら社会保険に入らないとブラック企業になってしまいますので、役所に行ってその届けを出す必要があります。

赤字に耐えて事業を続けるために

いい製品を企画し、開発しても、部品を買うのにもおカネが要りますし、広告を打つのにもおカネが要ります。

自分のアイデアやプロダクトを形にして、世の中に発売できるようになると、顧客がおカネを払ってくれますが、そこに至るまではおカネは入ってきません。

たとえこの製品を将来1万個買うと言われていたとしても、基本的にはできあがった後にしか払ってくれませんので、そこまでの期間内におカネを出してくれる人を探す必要があります。

やりたいことの実現にはおカネが必要です。仮にいま大学で研究していることや、技術を基に会社を立ち上げたとしても、開発を続けるためのおカネが必要ですし、社員も雇わなければなりません。給料を払ってくれない会社では誰も働いてくれませんし、何らかの設備が必要な場合には、先に機械を買わなければいけません。

優秀な人に会社に参加してもらって、働いてほしいと思っても、まず会社の存在を知ってもらう機会がないと人も集まってきませんので、露出も必要です。やることはたくさんで、おカネがかかります。

これが最初の段階で、製品・サービスが売れるまでの一定の期間はどうしても赤字が続くのです。その間はひたすらおカネが出ていく一方ですし、特にディープテックの場合は黒字化の予見がなかなか難しいので、累積のキャッシュがプラスになるところまで、なんとかしておカネを集めなければいけません。

そこを越えると、成長ポテンシャルが大きいのがディープテックですので、経営者自身の魅力であったり、技術の魅力などをアピールしてそこまでの資金をちゃんと集める必要があります。

ちなみに、イーロン・マスクが率いる電気自動車メーカーのテスラは、上場した後もしばらくは赤字決算でした。最近ようやく黒字になってきましたが、やはりディープテックはおカネがかかるという例です。

おカネを借りるというと、銀行借り入れやはたまた消費者ローンのようなものが頭に浮かぶかもしれませんが、借りることと株式でおカネを集めることの違いを簡単に説明します。

銀行からの借り入れの場合、利息を払って、5年後に一括返済とか、3年間に何分の一ずつ返済のような形になりますので、貸し手としての銀行はある意味ローリスク・ローリターンな商売と言ってもいいかもしれません。

一方株式などの形で出資してもらうエクイティ調達は、おカネを返す必要はありません。投資家は所有する株の価値を上げ、それを転売して利益をあげます。経営者から見ると、会社の価値の一部を渡し、切り売りしているということになります。

　創業当初は、新規に株式を発行して資金を集めることが中心になり、事業が軌道に乗ってくると、銀行からおカネを借りることも増えてきます。

　発行した株式は、個人のエンジェル投資家に買ってもらうこともあれば、ベンチャーキャピタルに引き受けてもらうこともあります。そのほかに、今回のメンターにもなっていただいたKDDIさんのような事業会社系投資家（コーポレート・ベンチャーキャピタル＝CVC）もあります。

　エンジェル投資家のような個人投資家の資金は、ポケットマネーです。

　一方、ベンチャーキャピタルの資金は、ファンドへの出資者から集めたおカネです。これをできるだけ増やして出資者に返さなければいけませんので、株の価値が大きくなることを強く期待しています。

　CVCの場合はその企業が自らの事業で稼いだ資金を元手にしています。ファンドは投資の期限が決まっていますし、事業会社は投資先との事業シナジー存在を期待することもあったり、投資先と出資担当者であるキャピタリストとの相性も重要です。

　投資家が事業におカネを出してくれることはとてもありがたいですが、会社の価値が高まって売却機会を確保できないと自らの資金回収ができなくなってしまいますので、投資家を受け入れるということは、同時に会社の価値を上げてIPOやM&Aをするという使命を担うことになります。

プレゼンでは何を見られるか

借り入れと株式調達について話しましたが、銀行借り入れが向いているビジネスもあります。

立ち上げにそれほど資金が必要なく、ある程度黒字化が見え、一方で爆発的な成長は見込めないという事業が想定されます。たとえば街で美味しいラーメン屋さんを開きたいという場合、ある程度黒字化も見えやすいと思いますので、ベンチャーキャピタルではなく、銀行で借りて利息を払いながらそのお店を継続させていくとともに、2店舗目、3店舗目の出店を狙うという形になります。

起業したら、説明をしたりプレゼンテーションすることがあります。

何の事業をやっているのかと聞かれたとき、聞き手のインセンティブに合った説明が求められます。自分たちの製品を導入してほしい事業会社にプレゼンするときと、ベンチャーキャピタルの担当に対するプレゼンでは、違った説明の仕方をすることになります。

ベンチャーキャピタルの担当者は、参入しようとしている市場は今後伸びていくのか、その波に乗れるのか、どんな顧客が買ってくれるのか、そのビジネスモデルと技術で本当に勝てるのか、経営チームはいいか、当面どのくらいの額が必要になりそうかというようなことを気にしています。

ベンチャーキャピタルに出資を依頼すると、事業計画をつくって持って来てほしいと必ず言われます。売り上げがいくら、経費がいくら、設備投資をいくらという戦略を数字にアウトプットしたものが狭い意味での事業計画です。

頭の中にある戦略を、ひとつの物語として有形化するために、数字に落とし込む作業が大事ですし、出資者に対してどういうことで稼ぐと説明するのにも数値計画は役に立ちます。

もっと広い意味での事業計画となると、戦略や、どういうチームを目指すか、いわゆるビジョンまでを含めたものになります。

いままでいろんな企業の経営者と関わってきましたが、それぞれバックグラウンドはばらばらでも、物事をちゃんと数字に分解できる人がやはり経営者として優れていると感じます。

会社を前進させる手段

会社を立ち上げ、仲間を作り、資金を集めて、という話をしてきましたが、その先には人を雇います。就業規則や三六協定を作り、給料を支払い、健康診断を受けてもらうなど、社員の方にとって必要な環境を整える必要があります。

もちろん、日常的には決算のための数字を管理していかなければいけません。

領収書や請求書を保管して、ｆｒｅｅやマネーフォワードなどの会計ソフトを使いながら数字を管理したり。毎月の支出もきちんと締めなければいけませんし、決算月には税務申告もしなければいけません。

株式会社は、年に一度必ず株主総会を開催します。トヨタでも、設立1年目のベンチャー企業でもその点は同じです。会社法上、株主総会をやりなさいと定められています。設立1年目でもやることはたくさんです。

事業が軌道に乗り、ステージが進んでいくと、設立当初とは違った形でおカネを集めなければいけなくなります。

資金調達第二ラウンドに入ると、様々な人からおカネを集めることが増え、おカネを集める相手が変わってきます。

ディープテックですと、資金調達だけにとどまらず、事業会社とどのように連携していくかもカギになります。

10年以上前は、スマホ上で完結するようなサービスを提供するＩＴベンチャーが主流でした。そういう業態ですと事業会社と組むということはそれほど必要なかったと思いますが、ディープテックですと、試作品まではできても、それを安く大量に安定して作るのは大変です。製造のノウハウを持っている大企業と組むことでシナジーにつながったり、アメリカ、中国など海外のいい委託先を紹介してもらったりといったことが有効になります。アフターメンテナンスの点でもリアルな拠点を世界各地に多数持っている大企業との連携が生きてくると思います。

資本政策の一環として、社内の新しい仲間に対して株式を誰に何株ぐらい、いつわたすかを考える必要もあります。

設立後しばらくしてから優秀な人を雇いたいというとき、会社自体の価値が上がってしまって、新規に株を発行することが難しいということがあります。将来株式を取得できるストックオプションを発行することで、人材を集めるという手段があり、これも組織運営をしていくうえでカギになります。

コカ・コーラの「秘伝のタレ」

ディープテックの価値の源泉となるのは、自分たちの技術を守ることです。知的財産という形で権利を取り、守っていくことも大事です。

知財の種類にはいくつかあり、特許と商標権の二つを紹介します。私が社外取締役を務めているユーグレナでは、微細藻類ユーグレナ（ミドリムシ）の培養方法を特許化しています。商標権でいいますと、ｉＰｈｏｎｅの裏に書いてあるＡｐｐｌｅのマークであったり、ミッキーマウスの絵など、自分たちの商標やロゴを出願して、守ることが必要になります。

技術は必ず特許を申請して権利化すればいいのかというと、必ずしもそうではありません。他社の模倣を防止したり、大企業に権利を貸して対価を得ることもにらんで、自社で保有する技術を権利化していくことになりますが、特許は申請後一定期間を経て、こういう内容のものですと公開するので、中身を見せるということにもつながります。参考にされたくなかったり、永続的に誰にも見せたくないというときには、あえて外に出さない、特許も何も取らないという戦略を取ることもあります。これをブラックボックス化したクローズ戦略と言います。

たとえばコカ・コーラは、製造方法の特許を申請しておらず、永遠の秘伝のタレみたいなものになっています。

逆に、自由に使ってもらうオープン戦略もあります。たとえばトヨタ自動車は燃料電池車関連の特許を自由に使ってくださいとして公開しています。

その上の何かで稼げるという戦略があれば、ある部分は開放してどんどん自由に使ってもらうということもありえます。隠すということ、権利にすること、権利にしたうえでさらに自由に使ってもらうことといった戦略があると覚えていただいて、どう戦略を組むのか考えていただければと思います。

特許に関して、職務発明ということも覚えておいてください。

青色発光ダイオードの発明や、肺がん治療薬のオプジーボの開発など裁判になっている例もありますが、業務委託等も含めて基本的に会社の一員として研究に携わる際は、発明したものの帰属などを明らかにする書面にサインさせられることが多くなっています。

逆に言うと、社員を雇って開発してもらうときは、会社で作ったものは会社に帰属する、となっていないと、その社員が会社を辞めたとき、権利が会社に残らないことになってしまいます。これが職務発明です。

商標権についても、自社の名前とロゴの商標を取っておかないと、ほかの人が勝手に使ってしまったり、勝手に登録されて使用料を要求されるようなことが起きます。会社名を思いついたら、似た会社名、ロゴなど先行事例をチェックし、問題なければ商標として登録することになります。

会社名を考えたら、まずGoogleで検索してみてください。検索結果として最初にいかがわしいものなどが上がってきたら、それと同一視されても困るのでやめておこうとか。似ている事業で、すでに誰かが同じ名称を使っていると、そもそも登録することができません。

また、どんな産業にも、その産業特有の守らなければいけない法律があります。たとえばKDDIさんであれば電気通信関連の法律があり、医薬系ですと医師法とか薬機法など、その業種ならではの法律があります。

事業展開が進むと契約を結ぶことになります。契約は法律に基づく約束事なので非常に大事なものです。難しいしよく分からないからいいやとおざなりにせず、ちゃんと中身を見てサインをするようにしてください。

秘密保持契約（Non-Disclosure Agreement）、NDAと言われますが、大学でも、企業と共同研究などをする際に結ぶことがよくあると思います。互いに目的外に使用したり第三者に漏らしたりしてはいけないという契約が多いのではないでしょうか。

また、ウェブサイトを作ってもらうとか、そんなことも含めて、社外の方に仕事をお願いするときには必ず業務委託契約というものを結ぶことになりますし、事業提携をすれば、事業提携の契約を結ぶことになります。

先ほどお話ししたように出資をしてもらった株主との間で株主間契約というものを結んだりすることもあります。

事業のステージが進むと、大企業と提携（アライアンス）することもあります。自分たちだけでやりつづける、自前で頑張るという自前主義もあれば、誰かと組んで大きくなるということもあります。全部自分でやるのも、もちろん一つの方法ではありますが、販路や、アフターサービス、開発リソースなどすべてを自社でこなす必要があるので、時間とおカネがすごくかかってスピードに欠けることになるかもしれません。

自社では基礎研究だけに専念し、応用開発からは共同研究して、その先は誰かに任せるという考え方もあると思います。大企業とアライアンスをすると、名前が通った企業と提携することで信用力を補ってもらえたりというメリットもあります。一方で、大企業では稟議を一つ、書類を一つ通すのにも面倒な手続きが必要になることもありますし、他の同業他社とは提携できないということも起こる可能性があります。

上場して鐘を鳴らすことだけがゴールではない

ディープテック分野での起業には多額の資金と長い期間が必要ですので、もしかしたらかなり先の話になるのかもしれませんが、実際にＩＰＯとかＭ＆Ａをしたら何が起こるのかということも簡単に紹介したいと思います。

それぞれメリット・デメリットがあるんですが、上場の場合は、一般的にM&Aよりも株価が上がりやすくなります。

デメリットとしては、会社がある程度一定の完成形までいっていないと上場はできないので、特にディープテックの場合は上場までに時間がかかるということがあります。

また、仮に40パーセントの株を保有する株主として上場できたとしても、保有株を市場で売ることは難しいと思います。上場していると、経営の安定性を保つために安定株主が必要になります。実際、過去に上場したベンチャー企業の株主名簿を見ると、ほぼ創業者が筆頭株主になっていて、30パーセントとか40パーセントを持っています。会社が成長し、含み益はあっても、創業者は株を売れないということが多いと思います。皆さん上場して東京証券取引所で鐘を鳴らしたいって言うんです。上場することの名誉はあるかもしれませんが、含み益のまま株を持ちつづけることになりますので、キャッシュインしたいなと思ったら実はM&Aのほうがいいということがあります。

M&Aのメリットは、保有する株、たとえば40パーセント分を買収先が全部買ってくれます。それによって上場よりも早期にキャッシュインすることができます。

事業のタイプによって、特にディープテックは早くM&Aして大企業に全部渡してしまったほうがいいということもありますし、IPOが向いているものもあります。

先輩起業家を見ると、会社売却後の生き方は様々です。メルカリの山田進太郎《やまだしんたろう》さんは、メルカリの前に「ウノウ」という会社を創業してそれを売却し、メルカリを創業して上場しています。

朝倉祐介さんのように、mixiに会社を売って、売却先のmixiの社長になったというケースもあります。

ペイパルの創業者、ピーター・ティールは、イグジットした後、投資家になっています。ユーグレナの出雲充《いずもみつる》さんは上場した後の会社のトップを務めています。同じく皆さんの先輩である上野山勝也《うえのやまかつや》さんもPKSHA Technologyを上場させてその後、社長を続けています。つまり、東証で鐘を鳴らすことがゴールではなくて、さらにおカネを集めてその先を狙うということです。

「目次を頭の中につくる」という目的のもと、非常に多くの内容を一度に話してしまいましたが、こうした様々なことを総合的に考えられる「俯瞰力」をぜひ磨いていただきたいです。皆さんが実際に起業されて、今日の話を思い出していただける日が来ることを心から期待しています。

第9講

成功のために
もっとも
必要なのは
逆境に耐える力

Issin株式会社　代表取締役CEO
程濤

程濤（テイ・トウ）

1982年、中国・河南省生まれ。語学専門学校で日本語を学んだあと、東京工業大学卒、東京大学大学院情報理工学系研究科創造情報学専攻に進学、修士課程修了。在学中に「ポップイン」という新しいサービスを発明、特許を取得。

2008年、修士在学中にpopInを創業。「ネイティブ広告」「READ」の二つのサービスを開発。

2015年、中国の検索エンジン大手「百度（バイドゥ）」の日本法人バイドゥ株式会社と経営統合。

2017年には世界で初めてプロジェクター、Bluetoothスピーカー、シーリングライトを一体化した「popIn Aladdin」を開発。「popIn Aladdin2」とあわせ累計販売台数20万台を突破するヒット商品となった。

2022年popInCEOを退任、現在はIssin株式会社代表取締役CEO。

日本語はひと言も話せなかった

私は中国の河南省の出身です。日本でも有名な少林寺に近く、三国志に登場する「中原」にあたる古い土地です。

親は普通の公務員で、裕福というわけではありませんでした。高校はそれなりの進学校に通っていましたが、大学進学のための全国統一大学入学試験で得意科目の国語で失敗して思っていたような点数がとれず、一流の大学への進学は望めませんでした。このまま1年留年して再度試験を受けるかどうか、迷っているときに日本への留学の話をもらったのです。

実際に仲介者に会って話を聞き、調べてみると、日本の教育制度は中国と違って公平で、実力次第で行きたい学校に進学できることも分かりました。中国では、同じ北京大学に進むにしても地方ごとに定員が割り振られていて、河南省の高校生は北京や上海の学生よりずっと高得点が必要でした。私の高校でも学年で一人行けるかどうかの狭き門なのです。

当時、周りに日本に行く人はまったくいませんでしたし、親としては不安が大きかったと思いますが、中国にいても努力が必要なことは同じです。工場を作った親戚からおカネを借りて、日本に留学することを決断しました。私が中学生のころ、親が給料数ヵ月分を出してパソコンを買ってくれたことがきっかけでコンピュータ好きになり、コンピュータを専攻することを希望していましたし、日本でそちらの道に進みたいと考えていました。

日本に来たのは、19歳になる1ヵ月前の2001年4月です。その時点で日本語はまったく話せませんでした。飛行場では日本語で話しかけられても意味が分からず、What's your name? と言われてはじめて名前を訊かれていると気づいたことをいまもよく覚えています。

はじめの2年間は大阪市北区の天神橋3丁目にある日中語学専門学院という日本語学校に通っていました。

午前中は日本語学校、午後はアルバイト、11時に帰宅して深夜3時まで勉強する生活を2年間続け、20歳で東京工業大学に合格することができました。若かったからできたのだと思います。

大学では、2年生のころからプログラマーのアルバイトを始めました。当時、コンビニの店員の時給は800円程度でしたが、プログラマーは1500円くらいもらえましたし、そもそもコンピュータが好きなので、長時間働いても疲れも苦労も感じることがなかったのです。

学生時代、あわせて9つの会社でプログラマーのアルバイトを経験したのですが、どれもとても楽しんで働くことができました。ひと月に30万円くらいの収入があり、アルバイトとしてはかなり稼いでいたと思います。

当時はまだ起業ということは考えていませんでしたが、将来的にはこれで食っていければということは頭にありました。アメリカでは私が大学2年生だった2004年8月にグーグルが株式公開（IPO）して巨額の資金調達をしたり、中国でもIT企業が続々と生まれていたことも、起業の気持ちが芽生えるきっかけになったかもしれません。

当時、Web2・0という言葉が流行りはじめていて、2005年の年末ころ、同じコンピュータ・サイエンスを専攻する友人たちを集めて「何かやってみようか」と話したこともあります。私としては、Web2・0の波が来ているのだからみんなで相談して何かできればいいなという思いだったのですが、友人たちは私になにか事業アイデアがあると思っていたようで、結局その話は進展しないまま、流れてしまいました。

いろいろなベンチャー企業でバイトをさせてもらった経験は、いまに生きています。バイト先の一つだったあるファッションサイトは、ZOZOTOWNと競合し、結果的に負けてしまいました。私の働いた会社の経営者は、いまも活躍されている非常に優秀な方ですが、ZOZOに勝つことはできなかったのです。バイト先はプログラマー専門のリクルートサイトを通じて探したり、前のバイト先で知り合った人から紹介していただいたりして探しました。

プログラマーだけでなく、サーバーの監視員のバイトをした経験もあります。とにかくコンピュータが好きなので、どんなふうに動いているのか、細かいところまで全部知りたかったのです。ＩＴのなかで一番低いレイヤーから、アプリケーションの開発まで、さまざまなレイヤーを見てみたいと思っていました。

ときにはプロジェクト単位で仕事を任されることもありましたが、それ以前にやった仕事で培った技術の蓄積を生かして成果を出していました。30万円の仕事を4時間で終わらせたこともあります。そういうことが、少しずつ自信になっていきました。

私が働いた9社はいずれもベンチャーでしたが、成功したのは結局1社だけです。それ以外の8社はいずれも途中で失敗して、その失敗のパターンを見られたことも勉強になりました。ある会社は創業者の一人がずっと無給で働いている一方、もう一人の創業者がカネをポケットに入れていて、そのことをずっと隠していたとか、別の会社では無駄に人をたくさん採用していたりとか。ベンチャー企業は開発担当も営業担当も社長もみな同じフロアにいるので、何を話しているか自然に聞こえてきますし、会社がいまどうなっているか感じることができます。

たとえば20人しかいない会社なのに4つも職階をつくっているとか、意味が分からないなと感じていました。直接話したほうがずっと話が早いはずです。ほかにも変な判断をしているなと思う場面をときどき目にしました。

働いていた9社のうち、唯一成功したのがブレイナーという会社です。この会社は２００７年にヤフージャパンに買収されてその子会社となり、その後吸収合併されています。

創業者の本田《ほんだ》謙《ゆずる》さんは国内外のネット広告事業の最先端を走っている方で、のちに私が創業するとき、ちょうど彼もヤフーを辞めることをFacebookを見て知り、連絡して取締役になっていただきました。本田さんには広告ビジネスについてたくさんのことを教えていただき、のちに触れるように人脈をご紹介いただいています。

試験に落ちることの連続

当時はヒルズ族が話題になっていたころですが、私は学生でしたのであまり関心もなく、憧れもなくて、どちらかというとSNSなど新規領域の会社のほうを話題にしていましたね。

ご承知のように東工大では95パーセントの学生が内部進学で大学院修士課程に進学します。私も、ある研究室を第一希望としていて、受からなかったら留年しようと思っていました。結果的にはその研究室の試験に落ちたことで、東京大学の大学院に進学することになったのです。

私の人生を振り返ってみると、中国で試験に落ち、東工大で落ち、落ちてばかりで、それがむしろ神さまの意志だったのではないかと感じています。

ちょうどそのとき、2年目の新しい専攻、東京大学大学院に情報理工学系研究科創造情報学の研究室の募集を見つけました。自分のアイデアを形にするという独自の専攻で、研究室も本郷キャンパスではなく、秋葉原のクロスフィールドという新開発地域にある秋葉原ダイビルの13階を借り切っていました。

この学科の主宰する「情報理工実践工房」というプログラムも、私には魅力的でした。新たなソフトウェアのアイデアを出して認められると、その開発に必要な資材、機材を提供してくれるほか、大企業のエンジニアを1年間メンターとして付けてくれるのです。新設の学科だったので夏入試で募集枠が埋まらず、冬の募集があったことも幸いしました。

東工大でも東大でも、ほかの学生はみな私より優秀な人ばかりです。私の成績は本当に笑われるくらいのレベルでしたし、プログラミングも私よりはるかにレベルの高い人がたくさんいたと思います。

ただ、コンピュータに対する愛情は誰にも負けないと思っていました。自分は研究よりもモノづくりや開発に向いている人間だと思っているので、とにかく自分でいろいろ調べて、徹底的にコンピュータで遊ぶのです。コンピュータ・サイエンスの学科に入った人はみなノート型のPCを買いますが、私はデスクトップを買っていました。ノート型を買うおカネがなかったということもありますが、デスクトップは自分で組み上げて、あれこれいじることができます。ある程度分かったところでデスクトップを卒業し、macの最高のノート型パソコンを見つけて買いました。

そのころは毎晩2時、3時までPCに向き合って、なにか一つ自分が興奮できるポイントが見つかるまで寝ないという毎日でした。あるサイトで使っている技術がどのようなプログラムで動いているのか、理解するまで寝ないんです。いま思うとそれほどすごい技術でもなかったのですが、学校の講義以上に、そういった実務的、実用的なものを毎晩探していました。

技術的には当時、ウェブ上でかなり双方向的なことができるようになっていました。こういう表現もできる、こういうやり取りもできるということが新鮮で、中国にいる親とウェブ上のビデオチャットで結んでやり取りしたりすることに、ワクワクしていました。

起業家を輩出する研究室

実践工房のプログラムに参加して私が提出したアイデアが、後にpopInの起業時の中核となる技術「popIn」です。まだiPhone発売の直前で、当時のiPod Touchでは文字列のコピー&ペーストができず、検索ではいちいち文字を入力する必要がありました。そこでJavaScriptを使い、文字列をなぞって簡単にコピー、検索、翻訳などができて、ポップアップではなく、記事中に検索結果などを挿入するポップインの形で表示するプラグインを1年がかりで作りあげました。

２００８年の３月、大学のプロジェクトでアメリカを訪問し、先方の企業や研究機関の人に自分のつくったものをプレゼンする機会を与えられ、そのときに一緒に発表した十数人のなかで私のプレゼンがもっとも受けが良かったのです。

何人かと名刺交換して、シニアマネジャーという肩書の方からその場で「君の事業に投資したい」と言ってもらいました。同行した先生に相談したところ、すぐに連絡したほうがいいとアドバイスをいただいたので、その日のうちに名刺のアドレスにメールを出したのですが、返事はありませんでした。これがアメリカ流なのかな、と思いましたね。

ただ、同行した（ＩＴを中心としたイノベーションを加速することを目的に設立された）一般社団法人未踏の竹内郁雄《たけうちいくお》先生（東京大学名誉教授、未踏事業統括プロジェクトマネージャ）からも非常に褒めてもらったりしたことで、事業化への自信が少しずつついてきたのだと思います。

帰国したあと、自分のつくったｐｏｐＩｎというツールが事業化できるのではないかとひらめいて、その日は興奮して眠れませんでした。

かなり初期的なアイデアではありましたが、いくつかの会社と提携していけばかなりのユーザー数になるのではないかと思いましたし、前述したブレイナーという会社の技術モデルとも相性がいいのではないかと感じていました。

その日は結局、ひと晩中かかって事業プランを書きあげました。

翌日、研究室の田中久美子《たなかくみこ》先生にそれを見せ、相談したところ、東京大学のなかに東京大学TLOという会社と、東京大学エッジキャピタル（UTEC）という会社があることを教えていただいたのです。TLOは特許や研究成果のライセンスを管理する会社で、UTECはベンチャーキャピタルでした。

ただ、私はまだ学生でしたので、指導教官を通じて2社と連絡をとっていただき、TLOの山本貴史《やまもとたかふみ》社長、UTECの郷治友孝《ごうじともたか》社長のお二人にプレゼンをする機会をいただくことができました。

田中先生は当時39歳の非常に若い方でしたが、その研究室からはかなりの数の起業家が出ていて、チームラボの猪子寿之《いのことしゆき》さん、ユカイ工学の青木俊介《あおきしゅんすけ》さん、ストライプジャパンのダニエル・ヘフェルナン君とか、ほかにも何名もいて、起業を目指すメンバーが揃っていました。先生も、その支援に慣れている印象でした。

秋葉原ダイビルで山本社長と郷治社長に30分ほどのプレゼンをし、徹夜で書いた事業計画書を見ていただきました。いまもこのPCのなかにそのときの資料が入っていますが、あまりにもしょぼくてお恥ずかしいくらいです。数字も入っていませんし、「こうすればいいのではないか」というアイデアレベルにとどまっていました。

山本社長と郷治社長へのプレゼンは2008年の4月4日でしたが、その6日後の10日には郷治社長からより具体的な事業計画をいただきました。そのときは、会社のつくり方もなにもかもまったく知らなかったので、郷治さんにイチから教えていただき、ブレインストーミングのための合宿もして、UTECの取締役会に提出する資料まで郷治さんにつくっていただきました。投資案件を判断するUTECの投資委員会は合議制で、本来はありえないことですが郷治社長自ら資料をつくって委員会を通したんです。最初の投資金額は4000万円と少額なものでしたが、ほかのメンバーからは反対意見もあったとあとで聞きました。

ピボットするという決断

創業してから半年間は、東大本郷キャンパスのなかにUTECさんが事務所を借りてくれて、無償で使わせていただきました。

そのあと1年ほどで校門を出てすぐのところに移り、また本郷キャンパスのアントレプレナープラザに戻って、本郷界隈には全部で9年ほどいました。初期メンバーは中国、日本、フランス、インドネシア、ベトナム、アルゼンチンなど多国籍の学生10人ほどで構成される、最高のエンジニアチームでした。

郷治さんは経営にはいっさい口を出さないのですが、会社がまだ軌道に乗らない時期にはほぼ毎日オフィスに顔を出し、雑事から悩みごとまで相談にのってくれたり、気軽に声をかけてくれました。会社が少しずつ上向き出すとそれが週に一度になり、さらに上昇すると月に一度か、まったく姿を見せなくなりました。外国人の私が社長を務めていることを心配して、外部からＣＥＯ候補の方を連れてきていただいて面談したこともありましたが、我々のような小さな会社を頼りなく思ったのか話が進展せず、結果的に私が社長を続けることになりました。

起業して最初の1～2年は非常に苦労しました。当時はＦａｃｅｂｏｏｋが全盛期で、その事業モデルを参考にユーザーを集め、一ユーザーあたり1ドルか、2ドルの売り上げがあることを想定していましたが、現実はそう甘くなくてユーザー数が2万～3万くらいで伸びないのです。起業から1年が経った2009年後半には資金が尽きかけていました。

そこで技術モデルをＢｔｏＣから、ネット広告ビジネスを主軸とするＢｔｏＢにピボットすることにしたのです。

そのきっかけになったのは、大手ウェブメディアのマイナビニュースからサイト内検索エンジンを作れないかと打診されたことでした。

サイト内検索エンジンは、私たちの「ｐｏｐＩｎ」の技術とは関係ありませんが、学生時代のアルバイトで検索エンジンを作った経験がありましたし、大学院の研究室では自然言語処理（人間が日常的に使う言語をコンピュータで処理する技術）についても学んでいましたので、マイナビニュースのリクエストに「できます」と即答したのです。

1ヵ月程度で納品し、幸い仕上がりには満足していただいたようでした。この経験から、ニュースメディアのサイト内検索に需要がありそうだと気づいたのですが、レベニューシェア（収益分配）モデルではないため、そのままでは事業の発展性がありません。

そこで取締役の本田さんに相談し、企業向けのＢｔｏＢのビジネスモデルに転換することにしたのです。ニュースメディア向けのサイト内検索を開発し、検索広告に対応したうえで、新聞社やウェブメディアなどに提供するというモデルです。ｐｏｐＩｎのサイト内検索によって検索数が増えれば、その分をクライアントとレベニューシェアするのです。

交渉の結果、なんとかヤフーから検索広告を利用する権利をもらうことができました。それをサイト内検索と組み合わせてさまざまなメディア企業に営業し、少しずつ導入先が増えていきました。

しかし、収益が徐々に増えはじめ、黒字化が見えてきた矢先の２０１１年3月に暗転します。東日本大震災が発生し、予定されていた大手新聞社へのシステム導入が延期されて、黒字化どころかはじめての資金ショートに陥ってしまったのです。

この事態を受けて、まず私自身の給料を停止しました。さらに取締役の本田さんを通じてＩＴ大手のＧＭＯグループのＶＣを紹介していただき、わずか2度のメールと1回の面談ですぐにつなぎ資金を融資してもらうことができました。その後4ヵ月間、無休で必死に働いて、この年ようやく単月黒字化を達成することができました。翌２０１２年には通年での黒字化も達成しています。

経営危機を乗り越えられた最大の要因は、コストを徹底的に抑えたことです。学生時代に見たベンチャーの失敗から学んで、家賃、人件費、サーバー代など毎月の出費を抑え、利益率を上げるようにしました。

もう一つは、経営が苦しいときでも特定の会社に特化した専用ソフトウェアの開発にはいっさい手を付けなかったことです。依頼を受けることはしばしばあり、一件あたり数百万円の仕事もありましたが、1回引き受けるとずっとその仕事ばかりになって、二度と抜け出せなくなると考えたからです。

その代わり、複数の会社からソフトウェアに関する要望を聞き、最低3社に同じ要望があると分かったときのみ新たに開発を始めるようにしました。そうすれば業界全体のニーズを把握し、そこに自社プロダクトを提供できるからです。のちに、大きく成長するビジネスの基盤となるレコメンドエンジン（関連記事を自動的に生成するプログラム）もこの判断基準で開発しました。

ＢtoＢへのピボット、徹底的なコスト削減、自社プロダクトへの注力などが功を奏し、２０１２年から事業が上向きはじめたものの、月々の売り上げはまだ数百万円程度にとどまっていました。

5倍、10倍の成長曲線

そんな状況を変えるきっかけになったのが、「ネイティブ広告」です。ネイティブ広告はニュースメディアなど一般のウェブ記事の体裁とよく似た形で表示されるもので、俗に「広告に見えない広告」と言われ欧米ではすでに一般的になっていました。日本でも、2013年の終わりころからネイティブ広告がまもなく本格的に導入されるという話を耳にしていました。

それまで、記事コンテンツの評価指標として一般的に使われていたのはPV（ページビュー）や平均ページ滞在時間といった指標で、それでは読者がどのくらいの「量」のコンテンツに触れたかは分かりますが、どのように読んだのかという「質」まで捉えることができません。

私たちは記事コンテンツを画像とテキストに分けて、読者がそれぞれどのくらいの時間をかけて接触したかを測定することで、「読了率」を割り出す技術を開発しました。これを「READ」と名づけ、2014年4月にリリースしたのです。この指標を使えば、読者を「熟読層」「流し見層」などに分類することができます。2014年8月、READ指標を組みこんだネイティブ広告に対応したコンテンツ発見プラットフォーム「popIn Discovery」をリリースします。それと前後して、営業スタッフの採用も始めました。

それまでは、売り上げの伸びは線形的、つまり何割かずつの上昇にとどまっていましたが、popIn Discoveryを出し、営業スタッフが増えるにつれて、5倍、10倍と増えていくようになりました。特別なことをしたわけではないのですが、ベンチャーが成長するとはこういうことなのかと実感しました。

popInがネイティブ広告事業に乗りだしてまもなく、Baiduを含む2社から買収のオファーが届きました。創業時からM&Aを視野に入れていたので迷いはありませんでしたが、Baiduに決めた最大の理由は、私が提示した三つの条件を受け入れてくれたからです。一つめは海外展開、二つめはBaiduのAI技術を使わせてもらうこと、三つめはpopInをBaiduの一部署ではなく、法人格を持ったまま独立して経営できるようにすることでした。

Baiduの担当者とのミーティングでは、判断の速さにも驚かされました。こちらが何か質問したりリクエストを出したりした際、それが担当者レベルで判断できないことでも電話で本社の判断を確認してすぐに伝えてくれました。また、中国を代表するIT企業であるBaiduが私のことを見ていてくれて、期待していると言ってもらえたことも励みになりました。

2015年5月、popInがBaidu日本法人にM&Aされたことを誰よりも喜んでくれたのは、もちろんUTECの郷治社長です。会社立ち上げからイグジットまで、7

年が経過していました。

子どものポスターからヒントを得て

ＢａｉｄｕとのＭ&Ａでは、アーン・アウト（Ｅａｒｎ Ｏｕｔ）という形式の契約を結ぶこととしました。中国では一般的な取引形態で、Ｍ&Ａ時に買収対価が全額支払われるのではなく、はじめは一定額で、2年後に業務指標の達成度に応じて残額が支払われるという契約です。結果的に指標をクリアできたので、私にとっては良い選択になりました。

Ｂａｉｄｕの子会社になって半年ほどしてから、六本木ヒルズ内のオフィスに移り、それまでとは環境も大きく変わりました。それまでは出社は午後2時でＯＫという体制でしたが、Ｂａｉｄｕでは10時が出社時刻とされています。オフィスに午前中誰もいないとさすがに体裁が悪いので、社員さんには「11時までには来てください」と頼んでいました（笑）。出社時刻以外にも、徐々に大手企業の就業規則が適用されて、年々厳しくなっていったように感じます。

Ｍ&Ａをしてかなりのおカネを手にしたでしょうとよく訊かれますが、それほどの額ではありません。中国の母親にマンションと、欲しいものを買ってあげて、私自身は家族旅行に行ったくらいでしょうか。とくに物欲もないので、高級車を買ったりはしていません。

ただ、当時すでに3人の子どもが生まれていましたので、生活しやすいように引っ越しをしたくらいです。

popInの子会社として台湾オフィス、韓国支社を設立し、BaiduのAI技術者とチームをつくってプロジェクトに取り組んだり、国際化、AI活用という希望も叶えることができました。

やりたいと思っていたことの大半を実現し、この先の身の振り方として最初に考えたのは、再び起業するという選択です。起業家には次々と新しいベンチャーを立ち上げる連続起業家の道を歩む人も多くいます。しかし、一方で自分が創業したpopInから離れることにもためらいを感じていました。

そんなとき、自宅のリビングの壁に貼っていた子どもの学習用ポスターにヒントを得て、プロジェクターとしても使えるシーリングライトという製品アイデアを着想しました。

いま多くの家庭では、家族が同じ部屋にいるのにそれぞれ別の端末に向き合っています。しかしプロジェクターなら子ども用のひらがなの表や、世界地図など、なんにでも簡単に切り替えられるし、家族でYouTubeや映画を気軽に楽しむことができるとひらめいたのです。さっそく秋葉原のヨドバシカメラでプロジェクターをまとめ買いし、自宅のあちこちに設置したのですが、妻から「邪魔」と怒られ、目をつけたのが天井でした。シーリングライトを外すと電源プラグがあるので、そこにプロジェクターを設置すればいいと考えたのです。試作を繰り返し、妻や母親などの意見も聞いて改良していきました。

商品化したいと考えましたが、私にはハードウェア製作の経験がありません。そんなとき、Ｂａｉｄｕの中国本社からスマートスピーカーに関するアイデアの募集があり、そこに応募することにしました。Ａｍａｚｏｎのアレクサ、ＧｏｏｇｌｅのＧｏｏｇｌｅアシスタントのようなＡＩを搭載したスピーカーなどのハードウェアを、Ｂａｉｄｕも売り出そうとしている時期でした。

私の提案は照明一体型プロジェクターにＡＩスピーカーを搭載し、スマートスピーカーとする「ｐｏｐＩｎ Ａｌａｄｄｉｎ」という製品でした。幸い提案は認められ、事業化に向けて動きはじめることになりました。

パソコンの製造・販売で定評あるＶＡＩＯ（バイオ）に受託生産を依頼し、一度は断られましたが、繰り返し説得を試みてなんとか設計と組み立てを引き受けていただきました。プロジェクターについてはＢａｉｄｕの力を存分に利用して中国有数のメーカーが製造を担ってくれることになりました。

ｐｏｐＩｎ Ａｌａｄｄｉｎは構想からわずか1年、２０１８年に発売に漕ぎつけることができました。日本と中国の強みを発揮したことで質の高い製品をスピーディーに開発できたと思います。この初号機と、2世代目のｐｏｐＩｎ Ａｌａｄｄｉｎ2をあわせてシリーズ累計販売台数20万台を突破、プロジェクターとしては異例のヒット商品となっています。

いつでも松屋のバイトに戻れる

ｐｏｐＩｎ Ａｌａｄｄｉｎを事業としてうまくスピンアウトすることができましたが、私の理想としていた形とは少し違っていました。いまはもう株主でもありませんし、自分で事業をコントロールすることができないという苦しさがありました。

これまでの挫折では自分が頑張って壁を乗り越えれば良かったのですが、ひょっとするといままでで一番の挫折だったかもしれません。40歳の節目を迎え、これから自分が大きな会社のなかで生きていくのか、もう一度独立するのか悩みに悩みました。自分はゼロから1に事業を育てるのが向いていて、ある程度軌道に乗った既存事業をさらに拡大するようなタイプではないとも感じていました。その結果、２０２２年8月末、ｐｏｐＩｎを離れ、Ｉｓｓｉｎに専念することに決めたのです。

Ｉｓｓｉｎが取り組んでいるのはヘルスケア分野です。２０２２年11月にはお風呂あがりに乗るだけで体重管理できる「スマートバスマット」を発売しました。データは自動的にスマートフォンに記録され、「昨日よりマイナス０・３kg」など体重の変化が表示されます。「日経トレンディ２０２３ヒット予測」で第2位に選出されるなど、高評価をいただいています。

これからもさまざまなヘルスケア製品を送り出したいと考えています。

これから起業を目指す人には、成功のためにもっとも必要なのはＡＱ（Adversity Quotient）だと伝えたいと思います。ＡＱは、挫折や逆境に耐える力です。どんな仕事でもそうですが、続けていくと、必ずうまくいかないことが出てきます。むしろ、８割、９割がうまくいかないと言っていいかもしれません。そのとき諦めて止めてしまうか、続けてやるかという二択しかないのです。諦めて止めればそこで終わりですが、続けていれば壁を乗り越えられるかもしれません。

起業を志すような人であれば、もともとＩＱやＥＱは高いと思います。どこで差がつくかといったら、ＡＱしかないんです。自分のＡＱを高め、逆境に対する強いマインドづくりをしてほしいと思います。

多くの成功した起業家が、「自分は幸運だった」と口にします。もちろん私もそう思っていますが、むしろ耐えているうちにチャンスに恵まれたというほうが実感に近いと思います。ですから、幸運というのはチャンスを捉えるまでの忍耐力なのだと思います。耐えていれば誰にでも一度はチャンスがきますし、私もそうでした。

私は大学1年生のとき、牛丼の松屋でのアルバイトを経験しました。美味しい賄いの食事も食べられて、結構いい仕事だったと思っています。だからたとえ事業がうまくいかなくても、いつでも松屋のバイトに戻れる、松屋があれば大丈夫、と考えたりもします。

それは冗談としても、逆境を乗り越える手段はたったひとつ、手を動かしつづけることしかありません。常に手を動かしていれば、その先に必ず見えてくるものがあるはずです。待つことと考えること、悩むことが一番良くない。苦しいとき、壁に当たったとき、私はいつも、手を動かすように心がけています。

第10講

日本から世界に飛び出すスタートアップを

株式会社東京大学エッジキャピタルパートナーズ（UTEC）
代表取締役社長CEO
郷治友孝

郷治友孝（ごうじ・ともたか）

1996年東京大学法学部卒、通商産業省（現・経済産業省）入省。1998年制定の「投資事業有限責任組合法」を起草し、関連する会計制度・税制の企画及びファンドパフォーマンス計測に関するレポートの企画立案を行う。

2003年米スタンフォード大学MBA修了。

2004年4月退官、株式会社東京大学エッジキャピタル共同創業。以来1号から5号までの投資事業有限責任組合（計約850億円）のベンチャーキャピタル・ファンドの設立・運営、投資先のチームビルディング、投資、育成及びイグジットの指導を担う。

現在、株式会社東京大学エッジキャピタルパートナーズ（UTEC）共同創業者・代表取締役社長CEO。

2015年7月より日本ベンチャーキャピタル協会常務理事、2022年7月より同協会副会長。2020年東京大学博士号取得（工学）。

東大起業家講座の原点

東大の工学部がカバーしている技術領域はITやソフトウェアだけでなく、電気・電子、機械、化学、航空・宇宙などかなり深いものが多いわけですが、そういった領域からも活発にスタートアップの起業がなされるようになると素晴らしいと考えています。

染谷隆夫工学部長や坂田一郎教授から、今回の講座ではそうしたディープテック領域の起業を盛り上げたいと伺った際、当社としても喜んで賛同させていただき、寄付をさせていただくことにいたしました。UTECは、今回参加している寄付企業の中でも、もっとも早く意思決定させていただいたと思います。

本講座には、そうした様々な支援企業の方々が講師に来られていて、様々な角度からディープテックに関する起業を取り上げていただいていると感じています。先日の講義には藤井輝夫総長も出席されていましたし、東大としても非常に力を入れておられると感じます。

東大の起業家教育の歴史を振り返ると、2005年に「東京大学アントレプレナー道場」が開講したのが最初です。

2004年に当社から東大の産学連携本部（現・産学協創推進本部）に起業家教育を始めてはどうかと提案させていただき、早速翌年から、産学連携本部、UTEC、株式会社東京大学TLOが共催する形で、各務茂夫《かがみしげお》教授を中心に講座が始まりました。ただし産学連携本部は教育活動を担う部署ではなかったため、正規の講義としてではなく、単位のつかない講座として始まっています。それでも起業に熱意のある多くの学生たちが受講し、その後は工学系研究科がこの講座を引き継ぐ形で、脈々と15年以上も続いているのです。卒業生も数千人規模になっていると聞きます。

この講座の出身者には実際に起業した人も多く、そうした会社にUTECが出資することもあります。このように「東大アントレプレナー道場」の試みはかなりの成果を上げてきたわけですが、その後、学内のいろいろなところで様々な特色のある起業プログラムが開講されるようになりました。たとえば工学研究科では松尾豊先生、田中謙司《たなかけんじ》先生などが「データ駆動型起業演習」などのプログラムを始めておられます。

ディープテックの背中を押す

こうした流れを受けて、染谷工学部長がこれまでの学生起業は、必要資金が少ないIT・ソフトウェア系が中心になっていたので、東大の擁するよりディープな技術に基づく起業にも力を入れるべきではないか、と問題提起をされたのをきっかけに、2021年からこの講座がスタートすることになったわけです。

ディープテックというと、一般にＩＴ系に比べ事業化や設備投資にかなり資金が必要で、起業するハードルが高いということが言えると思います。

それでも、そうした分野は大学としても研究の蓄積が豊富にあるところでもありますし、この分野を特に取り上げた起業教育をもっとできれば素晴らしいという思いがありました。ＵＴＥＣのベンチャーキャピタル・ファンドは２００４年にスタートしており、東大の研究や人材を活かしたスタートアップなどへの出資を積み重ねてきました。実際、ディープテックで成功したスタートアップの事例にいくつもハンズオンで関わってきています。ですから、学生のうちからディープテックに基づく起業の意識を喚起していく本講座に、当社が関わらせていただくことには意味があるのではないかと考えています。

日本の強みである基礎的な素材技術ですとか、半導体を含む工学技術、生命科学などの深い領域での起業の成功確率を高めるべく、学生のうちからそうした演習に触れる機会をつくれば、日本から世界的にユニークな事業や産業を興せる蓋然性《がいぜんせい》がより高まるのではないか、と。

我々のこれまでの投資先企業の例を見ても、ディープテック領域のスタートアップのほうが、事業化までには時間がかかっても、成功した後の競争優位性を保てている場合が多いように感じています。そういった会社は、世界市場に進出してもインパクトを出しやすいのです。

具体的な出資先の事例を紹介すると、たとえばマイクロ波化学株式会社という会社があります（第2講参照）。

この会社は、化学産業における化学反応を、熱ではなく、マイクロ波で起こすようにするという、非常にユニークな技術を事業化しています。加熱反応よりもはるかに省エネルギー・省スペースになるうえ、CO_2の発生を抑え、より収率高く品質の高い化学製品を生産することができ、世界の化学産業における化学反応プロセスを根本的に革新することができる技術なのです。

このような会社が世界市場を獲得していくと、明らかに世界に大きなインパクトを与えますね。我々がこの会社に出資したのは東日本大震災が起こった２０１１年でしたが、それから11年以上かかって２０２２年６月に東京証券取引所グロース市場に株式上場しました。

このほかにも、枯れ草や食料廃棄物などのバイオマス資源から化学品をつくる技術を持っているGreen Earth Institute株式会社という会社も、２０２１年12月に東京証券取引所マザーズ市場（現・グロース市場）に上場しています。こちらも２０１１年に我々が出資していますから、株式上場まで10年以上かかっています。

一般論としては、ディープテックの起業には大きな資金が必要なうえ、事業を成功させるには相当の経営者の力量、人脈、事業センスが要求され、成功までに時間がかかります。

こうしたディープテック分野の起業に学生のうちから土地勘を持つ講座を開講していくことで、これまでより強力なディープテック・スタートアップの創業者や経営者の予備軍が育ち、成功までにかかる時間も早められるようになればと思います。

キーになる人材を取り込む

我々のファンドはこれまでの19年間で約140社に投資しています。日々多くの方から資金調達のご相談をいただくわけですが、はじめて起業する方だけでなく、シリアルアントレプレナー（連続起業家）の方もいらっしゃいます。ビジネスとは無縁の研究者タイプの方もいます。「自分では経営はやってきていないし、今後もするつもりがない」というタイプですね。

UTECは長年、そういった研究者気質の方に良い経営者候補をご紹介して、事業化の成功確度を高めることに取り組んできました。投資先の経営チームを組成することを専門にしているメンバーも社内に抱えています。

創業を考えている研究者や技術者に経営幹部を引き合わせる枠組みとしては、UTECスタートアップ・オポチュニティ・クラブ、略してUTEC SOCという仕組みがあります。ここに、起業やベンチャーへの参画に興味のある経営者候補の方が登録してくれています。ＵＴＥＣとしては、ＳＯＣ登録者の方々を含め、経営者になりうる候補者を随時、研究者・技術者にご紹介してきたわけです。

　２０１３年に東京証券取引所マザーズに株式上場した、ペプチドリーム株式会社という会社があります。東大での発明を元に、ペプチドを活用した創薬を手掛けるバイオテクノロジー・スタートアップで、２０１５年には東京証券取引所第一部に株式上場しました。ＵＴＥＣが創業前から支援し、創業経営者を創業研究者に引き合わせた初のケースとなります。創業前年の２００５年、発明者である菅裕明《すがひろあき》教授にＵＴＥＣから経営者候補を何名かご紹介していたのですが、その４人目の窪田規一《くぼたきいち》氏（創業社長）と菅教授が意気投合して設立したのがこの会社になります。

　ほかにも、ＵＴＥＣの投資支援を受けて上場したスタートアップのＣＦＯ経験者の方に、投資先企業の財務支援をお願いしているケースもあります。ライフサイエンスの領域では、臨床試験の全体計画をつくっていただいている方もいます。社長に限らず、スタートアップの事業を進めていくうえで不可欠となるキー人材を経営チームに入れることが成功のためには非常に大切です。

「創業者」というと、最初に自ら事業を立ち上げる人というイメージを持つかもしれませんが、我々の場合、科学や技術を出発点に、それを事業化できる「創業者」を「後」から「採用」することがかなりあるのです。

そういう意味では、創業者の描いた事業計画に投資するかしないかを判断する通常のVCとは、投資の考え方が異なっていると思います。

アメリカで見た起業教育最前線

私自身は、前職の経済産業省在職中、アメリカのスタンフォード大学に留学してMBAを取得しています。スタンフォードMBAの講座には、起業家やベンチャーキャピタリストとして成功した実績のある人が教えてくれる講義が数多くあります。

私が学生だったころは、ヴェリタス・テクノロジーという上場企業を創業しCEOをしていたマーク・レズリー氏が一貫して講師をする講義や、サン・マイクロシステムズを創業したビノッド・コースラ氏がゲストスピーカーをしてくれた講義が特に印象的でした。コースラ氏は、現在はコースラ・ベンチャーズというVCを立ち上げています。そういった、実際に自分で事業を立ち上げたり投資事業を成功させたりしている著名起業家やベンチャーキャピタリストが講師やスピーカーとして指導に当たってくれるのです。現役の学生に聞くと、現在ではGoogleの元CEOのエリック・シュミット氏が講義を持っているそうです。

創業期のスタートアップやそこへの投資で百戦錬磨の経験を積んできた実務家が、講座の最初から最後までの講師として、採用をどうするか、営業をどうするか、資金調達をどうするか、大企業との関係構築をどうするか、といった課題について講義し、そのうえで、各回のテーマに沿って招待されたゲストスピーカーが話をする、という構成でした。

私がスタンフォードMBAを卒業したのは2003年ですが、15年後の2018年に当時のクラスメイトたちが集まったとき、そのうちほぼ4割は起業を経験していました。

それと比べると、東大のディープテック起業講座は発展の余地があることは否めません。しかし、大学発のディープテックに特化している点はスタンフォードにはありませんし、教員や賛同企業、学生の意欲や熱量が高い点は負けてはいません。学生のころからディープテック起業に夢を持つ機会として大変貴重だと思っています。

私がスタンフォード大学から帰国した翌年の2004年4月、東京大学を含む国立大学の法人化がなされ、そのタイミングと同時にUTECは設立され、私も創業に加わりました。

私は通商産業省（現・経済産業省）で「投資事業有限責任組合契約に関する法律」という法律案を起草し、その法律は1998年に制定されたのですが、その法律がなければ、私がUTECに参画することはなかったでしょう。この法律は、現在の我が国のベンチャーキャピタル・ファンドの基礎となっています。

私がスタンフォードから帰国した2003年、東大では、翌年の法人化を控えたタイミングに、その投資事業有限責任組合の仕組みを使ったベンチャーキャピタル・ファンドを立ち上げられないかと検討されていました。大学自体ではそうした事業を行うことはできず、また、当時大学にはそのような投資を行う予算もなかったため、どうすればそのようなベンチャーキャピタルを立ち上げられるのかと構想されていました。

その話を聞いたとき、これは自分がやらなければいけないと思ったのです。31歳のときでした。

最初は、ファンドがない状態からのスタートでした。お金はほとんどない箱としてのUTECの設立の後、機関投資家からファンドを調達するため、まず東大学内の研究室を一つひとつ回り、どのような技術からベンチャーを興せそうかをヒアリングする、というところから始めました。

私は法学部とMBAの出身で、理系の科学的な知見はほとんどありませんでしたから、楽しくはあっても楽ではありませんでしたね。その後2020年には、坂田教授の研究室で、起業に有望なディープテック技術と有望な研究者を解析するデータサイエンスの研究で博士（工学）号を取得しましたが。

UTEC設立から20年ほどが経ったわけですが、起業に対する東大コミュニティの意識はかなり変わってきたと思います。ITだけでなく、ペプチドリームのようなライフサイエンスを含むディープテックにまで、起業の動きと成功事例が広がってきているわけですから。卒業生や教員だけでなく、学生たちもますます起業に意欲的になってきています。

起業に関する人々の意識で一番影響があるのは、実は、起業した人、特に起業して成功した人が身近にいること、そしてそういった人がだんだん増えていくということです。いくら起業に関する本を読んだり、アメリカのシリコンバレーではいま起業がこうなっているという話を人から聞いても、実はあまり心に直接響かないのです。それが、同じサークルの先輩が起業してその会社がＩＰＯしたとか、研究室の先輩が起業して買収されたということが徐々に増えていくと、つまり、生きたお手本（ロールモデル）が身の回りに増えていくと、誰だって刺激を受けるわけです。

たとえば、工学系研究科の松尾豊先生の研究室は一つの起業の集積になっているわけですが、そうした集積があるとそれが工学部全体、東大全体といった周りに広がっていくということです。

もちろん、まだまだ保守的な東大生は多くいると思いますが、２０２２年の東大の入学式で藤井総長が起業の重要性について力強く語られたように、アントレプレナーシップ（起業家精神）は学内に浸透しつつあると感じています。

基礎研究を助成する理由

UTECの投資先の一つである「popIn」(第9講参照)創業者の程濤さんは、東大大学院の情報理工学系研究科に在籍していたとき、シリコンバレーを訪問する大学のプログラムに参加する機会を得ました。シリコンバレーで事業アイデアのプレゼンをしたところ、現地のベンチャーキャピタルやスタートアップからフィードバックをたくさんもらったことから、感化されて起業しようとしたのが私との出会いのきっかけです。

はじめて彼に会いに行き、まずその強い熱意に打たれました。そこで、程さんにはUTECの入っていたビルの隣のインキュベーション施設に入ってもらって、2008年の7月に起業してもらいました。しばらくの間は、私は毎日のように程さんのところに通って、声をかけたり弁当を届けたりとか(笑)していました。

スタートアップを応援するときは、技術を評価してする面もありますが、人物を見る面も非常に重要です。

話は変わりますが、こうした大学発スタートアップの潮流の中でいま私が一番危惧していることは別にあります。大学や政府がスタートアップに注力しようとするあまり、そもそもの大学としての基礎的な研究をおろそかにしてしまってはいないか、ということです。大学が、短期的な実用化や収益化につながりやすい研究を優先して、長期的な基礎研究が疎んじられるようになってしまうリスクはないか、ということです。もしそうなると、まわりまわって、中長期的にはスタートアップの芽を生み出す革新的な種も枯れてしまうことになりかねません。

そうならないようにするためにUTECでは、ベンチャーキャピタル・ファンドから投資の収益を実現できた場合に、その一部を、東大をはじめ協業させていただいている関係大学に寄付し、研究者の基礎研究のための補助金や若手研究人材の育成のための資金に充てていただく試みを行っています。

たとえば、東大の未来社会協創基金のもとで２０２０年から行っている「ＦＳＩ(Future Society Initiative) リサーチグラントプログラム」というプログラムでは、若手研究者の基礎研究に対して助成金を出しています。このプログラムが求める成果は、世界的な学術ジャーナルや学術図書に研究成果を発表していただくことにあります。

そして、基礎研究を重視して短期的な実用化や商用化の可能性は求めないことにし、研究にできるだけ専念できるよう助成金受領後の報告書の作成を不要としてあります。研究者の最大の報告は、資金交付者への報告ではなく、世界の一流のアカデミアに認められる学術発表であるべきと考えるからです。選考については、東大の権威ある教授陣で構成される審査会が学術的な観点から厳正に行っており、これまでに累計で31名が採択されています。各分野で世界的な研究成果を生み出すことが期待される新進気鋭の研究者の方々です。

本プログラムは、一件につき最大年間1000万円ほどの研究費を助成するので、報告義務を課されない研究費としてはかなり大きいものです。こうした研究が将来、我々のようなベンチャーキャピタルの直接の投資対象になる可能性はほとんどないだろうと思いますが、これはそのためにやっているのではありません。むしろ、日本のアカデミアにおいて、今後の科学研究の礎《いしずえ》となる基礎研究が充実していくようにという思いで行っております。

もちろん、ある技術をもとにいったん会社を起業したら、とことん事業として成功することを追求しなければならないわけですが、大学の研究の目標自体が起業になってしまうことは健全ではないと考えているのです。

日本発、世界スケールのスタートアップを

私が大学の起業講座に期待していることは、しっかり継続していかなければならないということと、将来的には、先に触れたスタンフォードMBAのように、実際に起業や投資事業に苦労して成功してきた人材が教壇に立って一貫した講義をするとともに、テーマに沿って適切な講師を招く形に発展していくとよいなと考えています。

ところで、スタートアップの日本経済での存在感を振り返ってみると、正直、まだまだだと思います。日本ではいまでも大企業が圧倒的に大きな雇用を維持し、GDPを支えています。

ですので、単に起業を増やすだけではなく、スタートアップのスケールを経済的にいかに大きなものにしていくかという点と、大企業とスタートアップとの接合点をいかに増やしていくのかという点が、次なる課題だと考えています。我々の投資先で最大の成功事例とも言うべきペプチドリームでさえ、まだ従業員数は140人くらいです。もっとも同社の場合は、画期的な新薬を世に送り出すことができれば、何千万人、何億人という規模の人々を救うインパクトを持っているわけですが。

スタートアップのスケール感を語るとき、IPOやM&A（合併・買収）といったいわゆる「イグジット」を避けては通れません。1999年に創設された東京証券取引所マザーズ市場は、日本のスタートアップのIPOの仕組みとして機能してきました。

この市場は、1998年にベンチャーキャピタル・ファンドのために法制化された投資事業有限責任組合法とセットで、ベンチャーキャピタルがスタートアップに供給したリスクマネーを回収するための仕掛けとしての意義を有してきたと言えます。ただ、これまで東証マザーズでIPOしてきた会社の大半は、日本経済を引っ張っているというにはスケール感が小さすぎます。ＩＰＯを通じて新しい産業が生まれるほどのインパクトを出してきたとは言えないかと思います。

新興市場に上場しようとするスタートアップには、国内の市場を相手にするだけではなく、ぜひ海外の市場に出て、外貨を積極的に稼ぐことができるようになっていただきたいものです。戦後にソニーやホンダが成し得たように、海外の市場に出てそこで成功するスタートアップがぜひ多く成長してほしいということです。

政府は、２０２２年を「スタートアップ創出元年」にする、と言っています。今後、実際にそれに値する成果を出していかなければなりません。我々ベンチャーキャピタルも、投資先を東証グロース市場にＩＰＯさせればそれでよしではなく、日本の新しい産業を創るためにはどうしなければならないかという視点がますます大事になってきていると思います。

また、大企業のほうにも、もっとスタートアップのＭ＆Ａに積極的になってもらいたいと思います。ＫＤＤＩさんは非常に先進的に取り組まれていますが、ほかの大企業の方々もこれを見習って、もっとスタートアップをＭ＆Ａする取り組みを前に進めていただきたいと思います。

アメリカでは、ＧＡＦＡと言われる企業群はどれもほぼ創業から20年が経っていますが、いままさに産業界の中心にいます。

もしGAFAをアメリカの株式市場から取り除いたら、ほぼ日本の株式市場と変わらないくらいの成長率なのだそうです。言い換えるとアメリカでは、すごいメガベンチャーが出現してそれが産業界を引っ張っているのに対して、日本では、ベンチャーが上場したあとでも比較的小さいままである、という違いがあります。

アメリカの場合、製薬会社が出す新薬の大半は、ベンチャー企業の買収からできてきたものです。つまりM&Aによって大企業が自らの新陳代謝をしていると言えると思います。大きな雇用と大きな販路がある大企業に、ベンチャー企業という新しい血を入れることによって、大企業が新製品を出しつづけているということが言えるのです。

このように、日本から世界スケールのスタートアップを、IPOやM&Aを通じて生み出していくという観点でも、資金需要が大きく人々の生活に根本的な影響を与えるディープテック・スタートアップへの期待は大きいものがあります。この分野のスタートアップには、IPOしても安住せずにどんどん資金調達を繰り返して規模を大きくしつづけてほしいですね。

また、大企業の側も、ディープテック分野のスタートアップをM&Aして自らの中に取り込んで新陳代謝し、自らの販路や人材をアップデートしていこうとする姿勢が望まれます。

いずれにせよ、ディープテック分野のスタートアップがもっと興り、日本からスケールの大きな事業が世界にどんどん出ていくような時代をつくっていけたらと思います。そのためにも、この講座による人材育成は日本にとって非常に重要ですね。

寄付企業からのメッセージ

学生たちの熱量が飛躍的に高まる様子を目の当たりにした

KDDI株式会社　事業創造本部副本部長
兼Web3事業推進室長兼LX戦略部長

中馬和彦

中馬和彦（ちゅうまん・かずひこ）

KDDI株式会社 事業創造本部 副本部長として、スタートアップ投資をはじめとしたオープンイノベーション活動、地方自治体や大企業とのアライアンス戦略、および全社横断の新規事業を統括。
「新しい資本主義実現会議」スタートアップ育成分科会委員、経済産業省 J-Startup推薦委員、経団連スタートアップエコシステム改革TF委員、バーチャルシティコンソーシアム代表幹事、一般社団法人Metaverse Japan理事、クラスター株式会社 社外取締役他、多数。

学生たちの熱量が飛躍的に高まる様子を目の当たりにした

ＫＤＤＩは、Open Innovation FundなどのＣＶＣによるマイナー投資や、ＫＤＤＩ本体によるＭ＆Ａを通じて積極的にスタートアップのグロース支援を手がけて参りました。

私自身が委員の一人として取りまとめに関与した経団連（日本経済団体連合会）の「スタートアップ躍進ビジョン」では、「5年後までにスタートアップの裾野、起業の数を10倍に、成功するスタートアップのレベルも10倍にする」という目標を提言しています。

今回、東京大学におけるアントレプレナーシップ教育講座に寄付企業として参画し、支援（寄付）を決めたのは、あらためて起業の裾野を10倍に拡大することの重要性を感じたため、また、日本の起業家の母集団形成の基点となることを期待したためです。

将来のキャリアプランが未だ定まっていない学部生や研究者志望の大学院生には、本講座でまずスタートアップの世界に魅力を感じていただき、キャリアプランの一つとして「起業」という選択肢を加えてもらうことを期待していました。

またすでに起業を志向している学生には、起業後にどのような道筋でＩＰＯやＭ＆Ａを目指すのかといった「イグジット（出口戦略）の見える化」に挑戦してもらうことで、ゴールからのバックキャスト（逆算して戦略を立てること）で起業家としてのキャリアプランの解像度を上げていただくことを期待していました。

私自身、実際の講義にもたびたび参加させていただいて、学生の意欲や熱気の高さを感じました。

中馬和彦

学生たちが大学で素晴らしい研究者に出会って刺激を受けるように、ゲスト講師としてお招きした素晴らしい先輩経営者たちと直に接する機会を通じて、学生たちの好奇心の幅が劇的に広がり、起業に対する熱量が飛躍的に高まる様子を目の当たりにしました。

講義の最後に行われた、学生たちの発表も非常に印象的でした。先入観を持たず、あらゆる制約を気にすることなく、よりよい未来の実現に向けて自らのビジョンやアイディアを堂々と語る姿は頼もしい限りでした。

この先も学生たちの発表内容の純度を落とすことなく、講座の後も彼らが本当に起業するところまで繋げていくべく、ＫＤＤＩとしてサポートしつづけたいとあらためて思うに至りました。

日本のアントレプレナーシップ教育にはまだ決まったテンプレートが存在しません。その点で、起業家の母集団形成の質量と環境が充実している東京大学においてこそ、日本の教育機関に先駆けてロールモデルを構築することに意義があると考えています。さらにその先で、日本全国の大学、あるいは小・中・高といったアンダーカテゴリーにまでアントレプレナーシップ教育の機会を広げていくことができたら、寄付企業として嬉しい限りです。

今後に期待することとしては、日本の起業の裾野を10倍にする母集団形成のトリガーになればというKDDIがこの講座に関与した狙いの通り、学生たちがこの講座での学びを経て実際に起業する数をKPI（重要業績評価指標）として意識したほうが良いかもしれません。

そのためにもKDDIとしては、この講座の修了をゴールではなく、むしろ出発点として、修了生に対する持続的な起業支援やそのための仕組みづくりを検討していきたいと考えています。

Afterwards ―― 東大生たちはなにを感じたか

この講座を受講するまで、起業する気はさらさらなかったのですが、講座のスタッフに誘われて、なんとなく面白そうと感じて受講を決めました。

クラゲが大好きで、将来はクラゲの研究者になりたいと思っています。私の武器はクラゲ愛ですが、それが何の役に立つかなんて考えたことがありませんでした。しかし、受講をきっかけに新たな視点でクラゲについて考えたところ、意外な性質と使い道が見つかったのです。クラゲの中には、ストロビレーションといって自分のクローンをたくさん作る種類がいます。これを思い通りにコントロールできれば、飼育研究のための大量培養や、環境負荷の低い飼料としての利用が可能になるかもしれないと考えるようになりました。現在は、ストロビレーションのコントロールをゴールに見据えながら、大型クラゲによる漁業妨害の対策について研究を行っています。

いまは起業することも自己実現を通して社会貢献する一つの手段だと思っています。避けては通れないおカネの計算には知識がなく、得意ではないのですが、チームを組んだ人たちの助けを借りて、ビジネスプランを練っています。自分とは異なる強みを持つ人たちと出会ってチームを組めたのも大きな収穫でした。

佐藤愛海（学部2年）

大学に入る前から自分の好きなことを事業にすることに興味を持っていましたが、この講座を経験して、起業に対するイメージがよりクリアになりました。

専攻予定のロボティクス分野において何らかの研究を行ってから、それを元に起業ができたら楽しそうだなと漠然と考えていたのですが、今からでも事業に関して思考や行動ができることに気づけたのです。

自分の好きなことを軸に、人々に生活をより豊かで幸せなものにするモノやコトを届けることが私の一番の目標です。

将来的には自分自身の研究や技術によってそれが実現できればベストですが、長い年月がかかるかもしれません。でも、今の自分にできることと誰か他の人が生み出した技術やアイディアを組みあわせるなどすれば、今からでも事業やインパクトを社会に届けることができる。そのためのスピード感溢れる手段として、起業を捉え直すことができました。

知をベースに築かれ、世界中の人と繋がる場に惹かれてこの大学を目指し、この講座を通して、事業開発なども含め自分をさらに成長させてくれる場所としての魅力も感じました。将来事業を持ってからも、アカデミアにも身を置き、学び続けたいと思っています。東大内外の、各分野に関心と熱意を持って勉強や研究をしている多くの人と今後も関わっていきたいです。

田上愛（学部1年）

東大に入学して、最初はオンライン授業が多かったせいもあるかもしれませんが、ある意味想像通りのいわゆる「授業」ばかりで、もっと自分がのめり込めるような面白い授業はないのかと探して、この講座に行き当たりました。

起業は自己実現の一つの手段であって、おカネ儲けを第一の目的とは考えていません。起業するとき、その会社の事業が持続可能でなければ、必要な資金も人も寄ってこないというだけです。また夢を語るだけでは何もできないということもまた事実でしょう。向こう何年で、どれくらい利益が上がるのかという見通しがないと投資家はおカネを出さない。おカネは起業にリアリティを持たせる手段の一つだと捉えています。

この講座で発表したビジネスプランを大手新聞社が主催する大学生を対象にした全国ビジネスプランコンテストで発表し、最優秀賞を受賞できたときは、家族含め皆が喜んでくれました。

久保光太郎（学部1年）

私は幼いころから古生物学への強い興味と化石への偏愛があり、理学の道に進んで研究者になることが夢でした。一方で、学生団体の立ち上げや活動を通して、自分のアイデアの力で世の中にインパクトを与える起業家という生き方にも興味を持っていました。その二つの道を「DeepTech起業家」という姿で結びつける方法を教えてくれたのがこの講座でした。フィールドワークを通して「宇宙地質・宇宙資源」という領域を見つけ、高い解像度で進路を固めることができました。理学と工学を往復運動しながら学問的にフロントランナーとして走り、その先に社会実装を自ら行っていく「DeepTech起業家」の未来像にワクワクしています。

北欧のフィンランドを訪問して、「環境／気候問題」というテーマに強い問題意識を持つに至りました。宇宙の課題と地球の課題を「環境／気候問題」というテーマでリンクさせ、アプローチすることがいまのビジョンです。社会問題にコミットすることも大事な要素ですが、その出発点にはエゴを据えています。起業家精神を発揮し、挑戦し続けることが、自分の最重要課題であり生き甲斐だからです。

私が「DeepTech起業家」としての道を見出したことに、親はじめ周囲はただちに腹落ちしたわけではありませんが、時代の変換点に生きているという自覚と、周囲を巻き込むエネルギーで、新しい規範をつくることに使命感を持っています。

プラート・アルヴィン（学部2年）

運営担当者より――あとがきに代えて

本書に収められているのは、2021年10月開講の院生向け第一期講座、2022年4月開講の学部生向け講座の一部です。

それに続く、2022年10月に開講した院生向け第二期講座は、新規半導体、生分解性プラスチック、高精度測位×ドローン物流、浄化装置開発、オーダーメイド創薬など、より学生の所属研究室・自身の研究成果を生かした、まさにディープテックと言える内容となりました。

講座の設計・運営に携わる中で気づいたことをいくつか示します。

一つは、講義テーマをいかに自分ごとに引き寄せられるかを意識しつづけることの大切さです。2022年から、学生がそれぞれ自分のテーマを決めて事業案を考えるよう講座の設計を見直し、「自分の時間を捧げるライフワークになり得るか」という基準を重視するようにしました。起業に携わることが課題解決の有力な手段の一つになると自覚した学生は、起業アイデアの検証に凄まじい勢いで取り組むようになり、講義の聴講にとどまらず、仲間とのインタラクションでも、吸収力が劇的に高まります。自分の好きなことで生計を立てる力を育むことに繋がると実感しているようです。

二つめに「共創」、つまり違いを尊重し、頼り頼られる力の重要性です。

ディープテック分野では、研究に強い人と経営に強い人のタッグで事業化に挑むことが多く、産官学、世代などの枠を超えて相手に歩み寄り、弱みを補完しあい、それぞれの強みを生かす姿勢がイノベーションに繋がります。

この講座は産学連携教育のフォーマットの確立と国内展開をミッションの一つとして掲げており、座学講義のYouTubeでの公開や、東京大学メタバース工学部リスキリング工学教育プログラム「アントレプレナーシップ」の展開など、学外へのアウトリーチも進めています。講座を修了した学生・フル聴講生たちのコミュニティDICE（Deep Innovation Creation Ecosystem）においても、それぞれが立案した事業案を「案」で終わらせないよう、精力的な活動を続けています。

聴講した学部生を対象にアンケートを行い、受講前後の起業意志の変化について聞いたところ、「科学者・技術者として起業に携わることを視野に入れている」を選んだ学生の割合がもっとも多く、増加率も高くなっていました。

とはいえ、我々の取り組みはまだ緒に就いたばかりです。本書が「新しい働き方」を考える一助となれば幸いです。

東京大学大学院工学系研究科 松尾研究室 学術専門職員　武田康宏
同　坂田研究室 学術専門職員　村田幸優

2021年度秋学期大学院生向け講座

	講師	講義テーマ
第1回（10/7）	東大教授陣、寄付企業	オープニングセッション
第2回（10/14）	SHOWROOM・前田裕二	アントレプレナーシップ論①（起業〜大企業との共創とは）
第3回（10/21）	WASSHA・秋田智司	アントレプレナーシップ論②（グローバル市場で起業するとは）
第4回（10/28）	東京大学エッジキャピタルパートナーズ・黒川尚徳、マイクロ波化学・吉野巌	スタートアップ・ファイナンス①（事業計画と資金調達）
第5回（11/11）	ビービット・藤井保文	顧客視点講義（ユーザセントリックな開発とは）
第6回（11/18）	KDDI・中馬和彦、協力会社各事業責任者	新規事業テーマ発表（協力企業各社課題／アセットとは）
第7回（11/25）	経営共創基盤・望月愛子	フィールドワーク①（起業工程基礎／チーム顔合わせ）
第8回（12/2）	東京大学エッジキャピタルパートナーズ・郷治友孝	スタートアップ・ファイナンス②（IPOやM&AなどのEXIT）
特別回（12/7）	NordicNinja VC	【国際セミナー】アントレプレナーシップ論（海外VCの方から見た、グローバル視点でのアントレプレナーシップ）
第9回（12/9）	ソラコム・玉川憲、トレジャーデータ・太田一樹、KDDI・中馬和彦	アントレプレナーシップ論③（M&Aとは）
第10回（12/16）	協力会社各事業責任者	フィールドワーク②（中間発表・協力事業会社からのフィードバック）
第11回（12/23）	松尾研究所	フィールドワーク③（ユーザ調査に基づくプロダクト改善）
第12回（1/6）	Mistletoe・孫泰蔵、LayerX・福島良典、経営共創基盤・塩野誠、古澤利成	フィールドワーク④（最終ピッチ向け練習・事業案ブラッシュアップ）
第13回（1/13）	東大教授陣、寄付企業、協力会社	事業会社役員向けの新規事業提案ピッチ

〈敬称略〉

2022年度春学期学部1・2年生向け講座

	講師	講義テーマ
第1回（4/7）	講座担当教員、企業代表各位	オリエンテーション
第2回（4/14）	各務茂夫教授、炭素回収技術研究機構・村木風海	Big Pictureを描く① 2050年の社会／ビッグピクチャーを描く
第3回（4/21）	先端科学技術研究センター、複数研究室	Big Pictureを描く② 先端技術から考える未来～先端研訪問～
第4回（4/28）	染谷隆夫工学部長、松尾研究所・川上登福	Big Picture × DeepTech① 研究者・技術者が起業するとは
第5回（5/12）	KDDI・中馬和彦、東京大学エッジキャピタルパートナーズ・郷治友孝、popIn・程濤	Big Pictureを事業に育てる① VC・IPO・M&A・事業共創とは
第6回（5/19）	Deep Tech系スタートアップ、KDDI∞ラボパートナー企業	Big Picture × DeepTech② Deep Techスタートアップピッチイベント byKDDI
第7回（5/26）	経営共創基盤・塩野誠、ビジョンケア・髙橋政代	Big Picture × DeepTech③ グローバルDeep Tech起業／研究の戦略とリアル
第8回（6/9）	講座担当教員、企業代表各位	中間発表
第9回（6/16）	経営共創基盤・望月愛子	Big Pictureを事業に育てる② 事業の始め方
第10回（6/23）	経営共創基盤、KDDI、サントリーホールディングス、マネーフォワード	Big Pictureを事業に育てる③ 大企業との共創
第11回（6/30）	経営共創基盤、KDDI、サントリーホールディングス、マネーフォワード	Big Pictureを事業に育てる④ 大企業との共創
第12回（7/7）	藤井輝夫総長、本講座関係者全員	最終発表 総長対話
第13回（7/14）	染谷隆夫工学部長、本講座関係者全員	修了式・交流会

〈敬称略〉

東京大学アントレプレナーシップ教育デザイン寄付講座

事業会社と協働でディープテック起業案を検討し、実践的なアントレプレナーシップ習得を目指す、工学部産学協創教育の中心講座。著名起業家・科学者等による講義と、研究室訪問や企業訪問を含むフィールドワークの複合型で進行する。学部生には、未来を構想しながらビッグピクチャー（実態ある大それたこと）を描き、学内技術探索と企業とのワークショップによって具体的なアクションにつなげてもらうことを期待。大学院生には、自身の研究内容や技術知見を生かし、事業会社との関わりや実経営において求められるマネジメント知見のインプットを通じて産業課題を解くチャレンジを促し、M＆AやIPOなどを見据えた実践的なアントレプレナーシップの習得を目指してもらう。

未来《みらい》を変《か》えるには
東大《とうだい》起業家《きぎょうか》講座《こうざ》に学《まな》ぶ新《あたら》しい働《はたら》き方《かた》

2023年3月20日　第1刷発行

編　者　東京大学《とうきょうだいがく》アントレプレナーシップ教育《きょういく》デザイン寄付講座《きふこうざ》

発行者　鈴木章一

発行所　株式会社 講談社

〒112-8001

東京都文京区音羽2-12-21

電話　編集 03-5395-3522

販売 03-5395-4415

業務 03-5395-3615

印刷所　株式会社KPSプロダクツ

製本所　株式会社国宝社

ISBN978-4-06-531429-6

KODANSHA